新 潮 文 庫

歴史を考えるヒント

網 野 善 彦 著

新 潮 社 版

9532

目次

歴史を考えるヒント

I 「日本」という国名

歴史と言葉

日常、われわれが何気なく使っている言葉には、実は意外な意味が含まれていることがあります。あるいはまた、われわれの思い込みによって言葉の意味を誤って理解していることもしばしばあるのです。歴史の勉強をしていると、そういうケースに直面することが少なからずあります。

しかも、そうした問題を考えることによって、従来の歴史の見方を修正せざるを得なくなったり、現代に対する理解が変わって、世の中がこれまでと違って見えてくることさえあるのではないかと考えます。そういった経験を重ねているうちに、私は史料の中に現れる言葉の一つ一つに対して、以前よりもさらに神経を細かく使って接するようになりました。

そもそも、私が言葉に関心を払うようになったきっかけは、佐藤進一先生の示唆《しさ》にあります。佐藤先生はすでに早く一九五八年二月号の『思想』の「歴史認識の方法についての覚え書」という論文（『日本中世史論集』岩波書店、一九九〇年所収）で、史料に現れる「用語の研究」の必要を強調され、例えば中世文書にしばしば見られる「支配」という語が今日とは異なり、配分、配付、割あてなどの意味であったことや、与えるという意味の「与奪」という語や「地頭」の意義について言及されていますが、さらに先生の名著で、現在も各大学の古文書学のテキストとして用いられている『〔新版〕古文書学入門』（法政大学出版局、一九九七年）を読みますと、先生が古文書に現れる言葉をいかに大切に扱われているかが、実によく伝わってきます。古文書を解読する場合、われわれはとかく現在、常識的に使用している言葉の意味をすぐに投影して理解しがちですが、本来それは歴史を正確に把握するためには、戒めらるべき態度であるといわなくてはなりません。

言葉が使われた当時、それがどのような意味で用いられていたのかを明確にした上で古文書を理解することが、古文書学のいわば王道であると佐藤先生は常に主張しておられました。私は名古屋大学に勤務していた頃、十年ほど先生の謦咳《けいがい》に接する機会に恵まれましたが、言葉の正確な理解がいかに大切であるかを、多くの事例を通じて教えていただきました。

こうした佐藤先生のお考えを具体化しようということで、先生と笠松宏至さん、勝俣鎮夫さんと私の四人が編集して、『ことばの文化史〔中世〕』という本を四冊、出版しましたが（平凡社、一九八八年～八九年）、その第一巻に佐藤先生は「時宜《じぎ》」という言葉について書いておられます。「時宜」はふつう「ちょうどいい時」「ほどよい頃合い」という意味に解釈される言葉ですが、古代末から中世の記録を丹念に読まれた結果、実はこれは時の権力者の意思、判断を示している言葉と考えないと理解できない事例が非常に多いことに、先生は気づかれたわけです。例えば、室町幕府の場合ですと、足利将軍の意思によって事を運ぶという場合に「時宜を仰ぎ」という言い方をし、それに反した場合には「時宜に叶《かな》わず」といっているのです。それが佐藤先生によって証明されたことで、それまでぼんやりと読まれてきた記録の解釈を、ガラリと変えざるを得なくなる部分が随分と出てきたと思います。

勿論《もちろん》、そのように理解した方がいいのか、あるいは一般的な意味で解釈した方がいいのか、未《いま》だに議論が残っている部分もあり、いつごろからこういう用語が見られるのかについて、佐藤先生は続編を用意しておられると思いますが、「時」という言葉に当時の日本人が込めていた意味の一端が、この研究によって明らかになってきたことは間違いありません。今をときめく、というように使う「ときめく」という言葉も、その「時」から来ていると思います。このように、「時」という言葉一つをとっても、考えるべきことは色々と出てくるのですから、言葉を正確に捉《とら》えるという仕事は実に面白いですし、それによって意外な世界が見えてくる可能性を秘めています。

これから、何回かにわたって私なりに言葉に接近してみた結果の一端をお話ししたいと思います。不勉強なので到底、本格的な研究をするだけの力は持ち合わせておりませんが、歴史あるいは歴史学を新たな眼で見てみたり、関心を深めていくうえで役立つことができれば幸いだと思っております。

国名が決まった時

真っ先に取り上げなければならないのは、「日本」という言葉です。数年前から、日本人が歴史の教科書に日本についての悪口ばかりを書いているのはけしからん、ということをおっしゃる方が現れました。教科書に書かれていない歴史という話を書かれて評判になりましたが、その本に関係されている方がたまたま私が話をする会にお見えになりました。その時も私は「日本」について話をしたのですが、その方は「日本」ができたのは十九世紀のことであり、昔の「日本」は部族の名前であった、といっておられたのです。これには私も大変驚きました。日本史の教科書の問題を取り上げている方でも、「日本」についてまったくご存じなかったのです。

「日本」は地名であるとお考えの方もあるいはいるかも知れませんが、これは本来地名ではありません。「日本」は特定の国の名前として、ある時点で歴史上にはじめて出現した言葉です。読み方も十六世紀の頃に「にほん」と「にっぽん」の両方あることがわかっており、どちらが多く用いられたのかは議論の分かれるところですが、ここでは「にほん」にしておきます。「にほんばし」と「にっぽんばし」があるのですから、どちらを使ってもよいと思います。しかし、国の名前であるならば、誰かがいつか何らかの意味を込めて定めたことになります。それでは、この国の名前が決まったのは、果していつだったのでしょうか。

さきほど挙げた方も含めて、驚くべきことに現代の日本人の多くはその答えを知らずに日本に暮らしています。大学で歴史を教えていた頃、毎年、最初の講義の時に学生に対して「日本という国の名前が決まったのは何世紀か」という質問をしてみました。そうするといつでも、またどこの大学でも、答えは紀元前一世紀から始まって十九世紀まで、ほぼ満遍なく散らばっていました。やや多かったのは三世紀と答えた学生で、これは卑弥呼《ひみこ》を意識してのことでしょう。それから十五世紀も多く、これは足利義満が「日本国王」と称したのを念頭に置いているものと思われます。ただ、正解の七世紀を含めて、いずれも多数派と言えるほどの数ではなく、要するにこの問題に対して、日本人の認識はきわめてあやふやであると言えます。

国家公務員の研修に呼ばれて同じ質問をした時も、結果は似たようなもので、五十人のほとんどが知りませんでした。私が「外国に行って、このことを聞かれたらどうするのですか」と言ったら、みなさん苦笑されていましたが、その席にいたアメリカの国務省の役人に「ご自分の国の名前が決まった年は」と聞いたところ、彼は一七七六年すなわち独立宣言の年を挙げていたと思います。それが本当にアメリカの国名が決まった年かどうかは別にしまして、私はこれは非常に重大な問題だと思っています。大学で中国人の留学生に聞くと、「一九四九年」と即座に答えが返ってきました。日本人のように、国名が誕生した時を明確に答えることができない国民は、世界でも珍しいのではないでしょうか。

「建国記念の日」が二月十一日に決まった時、当時の歴史家たちはこぞって反対しました。神話の世界の話をあたかも事実であるかのごとく扱って、いわゆる「紀元節」を戦後に復活させたわけですから、それは当然だと思います。私自身も全く反対です。ただ、今から考えると、その時の閣僚や国会議員たちに、「日本という国の名前が決まった日を知っているのか」と質問を浴びせればよかったと思います。恐らく、誰一人知らなかったのではないでしょうか。「知らないくせに、よく日本の建国について議論ができますね」と、今でもそう言いたいくらいです。

しかし、実をいえば、私自身もある時期までは国の名前が決まった年を、正確には認識していませんでしたし、学生にも全く教えてきませんでした。また、それが書いてある教科書も、最近まで全くなかったと思います。最近、ようやく本文や注にこれについての記述が現れましたが、やはり一番大きな問題は、どのレベルの歴史教育においても、この点がほとんど教えられてこなかったことだと思います。

倭人《わじん》と日本人

それでは、日本という国名が決まったのはいつなのかといいますと、現在の大方の学者の認めるところでは、浄御原令《きよみはらりょう》という法令が施行された六八九年とされています。浄御原令は天武天皇が編纂《へんさん》を開始して、死後その皇后の持統が施行した、はっきりと存在が確認されている法令です。その前に近江令《おうみりょう》があったという説もありますが、これは整備された形ではできていなかったという説が有力です。

対外的には、大宝律令が制定された七〇一年の翌年、中国大陸に到着した遣唐使の粟田真人《あわたのまひと》が当時の周の皇帝・則天武后（中国大陸の国家の歴史上、唯一《ゆいいつ》の女帝で、国号を唐から周にかえています）に対して、「日本」の使いであると述べたのが最初といわれており、これは、ほとんどすべての学者が認めています。それまでは「倭王《わ》」の使いであるといっていたのが、七〇二年に変わったのです。つまり国名を「倭」から「日本」に変えたのですが、そのことから、「日本」という国号が公式に決まったのはそれ以前ということになり、六八九年の浄御原令施行の時が最も可能性が高いと考えられています。

中国大陸の記録によれば、『史記正義』という本の中には、則天武后が日本国という名前を決めたという記述が出てきますが、これは則天武后の時に初めて、中国大陸の帝国の人が「日本」から来たと名乗る使者を確認したことを、このような形で表現したものと思われます（後掲、岩橋小弥太『日本の国号』）。その後に編纂された『旧唐《くとう》書《じょ》』『新唐書』などの史書によりますと、当時の遣唐使が「倭という字がよくないので、それを嫌って日本にした」あるいは「日本とは倭の別称である」「日本と倭とは別の国である」などと説明をしたと記録されています。唐は倭国から朝貢《ちょうこう》を受けていると思っていたでしょうから、その朝貢国が突然に「日本」に国名を変えたのは重大なことだったはずです。従って、おそらく則天武后の命を受けて、役人が遣唐使に国名を変えた理由についてきびしく質問したに違いありません。それに対する返事が、『旧唐書』『新唐書』に書かれているのだと推測できます。

いずれにしてもはっきり言えることは、このとき以前、つまり倭から日本に国名を変えた時より前には、日本国という国は地球上に存在していなかったということです。存在していたのは倭国であり、それは倭人という集団を中心とした国でした。倭王という称号で中国大陸に使者を送るようになったのは、三世紀の卑弥呼の頃からだといって間違いないと思います。それ以後は、厩戸皇子《うまやどのみこ》、のちに「聖徳太子」といわれた人の時に送った遣隋使《けんずいし》も倭国王の使いと言っており、決して日本国の使いとは名乗っていません。ですから、こう言うと驚かれますが、「聖徳太子」は日本人ではなかったのです。自分で倭人と言っていたのですし、倭人イコール日本人では決してないのですから。実際、関東人はおそらく倭人ではないでしょうし、東北人や南九州人は倭人ではないのです。

「日本の旧石器時代」「弥生《やよい》時代の日本人」といった表現を、今でも歴史学者は平気で使います。私も無意識にそういう言い方をしてしまうことがありますが、本当はこれは日本人の歴史意識を曖昧《あいまい》なものにする、決して言ってはならない表現だと思います。旧石器時代に日本という国はなく、弥生時代に日本人はいなかったのです。このことは明確にしておかなければいけないと思い、最近は私はあえて日本列島という地名に置き換えて説明するようにしています。「日本」という言葉は、慎重に正確に使わなくてはならないと思います。

日出《ひい》づるところ

次に、日本という国名が成立した経緯を考える必要があるわけですが、まず認識しておくべきなのは、これは決して国民の総意で決まったのではないということです。当時のヤマトの支配層が、中国大陸の隋・唐の律令を受け入れて本格的な国家を造り上げることに全力を注ぎ、その上で唐、中国大陸の帝国を強く意識して定めた国名であることは間違いありません。従って、一部の人の決めた国名である以上、人の意志で変えられる、つまりわれわれ日本人の意志で変えることもできるのです。恐らく、現在は変わる可能性はほとんど無いと思いますが、我々の子孫の大多数がこんな国号は嫌だということになったら、「日本」は地球上から消えてしまうこともあり得るのです。私自身、敗戦後の一時期、日本軍の様々な残虐《ざんぎゃく》行為などを聞かされた時には、日本人であることが本当に恥ずかしいという思いにとらわれたのを、今でもはっきり覚えています。当然、慎重の上にも慎重に考えるべきことですが、もし多くの人々がこの国名は嫌だ、否定すべきだと思ったならば変えてしまえばよいのです。どこから自然に生まれた名前、地名などではなく、特定の時に特定の人が決めたものだから、我々の意志で変えることもできる国名だということを、我々ははっきりと確認しておく必要があると思います。そのことを前提にしないで、ナショナリズムなど主張することもできないはずですし、本当の意味での国際的視野も育っていかないのではないでしょうか。

それでは、「日本」という国号はどういう意味なのでしょうか。中国大陸の史書などにも多少、それに関する記述がありますが、「日出《ひい》づるところ」という意味が背後にあることは確かだと思われます。当時の人もそう考えていたようですし、現代の学者の理解もほぼ、その点では共通しています。

ただ、承平《じょうへい》年間（九三一～九三八）に『日本書紀』の講義が行われた時の概略を記した「承平私記」「日本書紀私記」という記録に、面白い話が書かれています。この時の講師が、日本という国名について「日出づるところ」という説明をしました。そうしたところ、出席していたある参議から「今この国に在りて之《これ》を見れば、日は域内より出でず」という質問が出ています。つまり、日本国にあってみる限り、お日様は自分の領域の中からは出ないじゃないかというわけです。この重要な問いに対して、講師は何も答えていません。

とすると、日の出るところは即《すなわ》ち、東の方角を指しているに過ぎないと理解するほかありません。つまり、日本とは地名ではなく、東の方角を意味する国名ということになります。

そうなると、日の出る方角つまり東とは、どこから見ての話なのかが当然、問題になってきます。ハワイから見れば日本は日の沈む方角になるでしょうから。結局、これは中国大陸から見て東ということになるわけです。

これは余談ですが、聖徳太子が出した「日出づる処《ところ》の天子」という言葉で有名な国書に、なぜ隋の皇帝が怒ったのかについて、かつては「日の没する処」と言われたことに対して腹を立てたといわれていましたが、中国大陸にはそれほど強い太陽信仰はないようで、最近ではこれは誤りだといわれています。日本列島人には太陽の出る所をプラスと考える発想がありますが、中国大陸人は日が沈む所と言われても軽蔑《けいべつ》されたとは考えないようです。隋の皇帝を怒らせた理由は「天子」という言葉をこの国書が使っていたからで、天子は世界に一人しかいないのに、東の野蛮人ごときが何を言うか、と隋帝は怒ったのだと、最近の学者は考えています。

いずれにしても、これまで多くの学者が「日本」が中国大陸からの視点で決められた国名であることを、問題にしてきました。幕末に一人の神道家《しんとうか》が、藤田東湖《とうこ》の父親で水戸学の創始者である藤田幽谷《ゆうこく》のもとを訪れた時、「この名前は中国大陸から決められた名前だから嫌いだ」と言っています。幽谷もかなりのナショナリストでしたが、「日の下」と書くのであれば「唐人」が決めた名前になるけれど、「日の本」なのだからこちらがつけた名前なのだと言って、その神道家を宥《なだ》めています。ただ、よくよく考えるとその神道家の言う通り、この国号は中国大陸の帝国を強く意識した国名であり、自主性のない名前だという言い方もできるのです。

この国名については、戦時中に井乃香樹という人が『日本国号論』（建設社、一九四三年）という非常にすぐれた研究をまとめて刊行しています（大隅和雄氏のご教示によって知りました）が、恐らくほとんど知られておらず、戦後、最も詳しく研究されたのは亡《な》くなられた岩橋小弥太先生で、『日本の国号』という本を吉川弘文館から出版されています（絶版になって古本屋でもなかなか手に入りませんが、一九九七年に新装版が再刊されました）。国号に関するあらゆる学説が紹介されている本です。冒頭に、日本の国の呼び名が列挙されており、古代からの書物に登場する何十もの名前を紹介した上で、秋津島、大八洲《おおやしま》国、倭、やまと、日本など十の国号について詳しく述べられています。

ただ、岩橋先生も穏健なナショナリストの立場から日本という国号を研究された結果、最終的に「日出づるところ」という解釈はおかしいと言っておられます。つまり、先ほど申し上げたように、ハワイから見たならば日の沈むところになってしまいますから、そんな見る立場によって変わるような「分裂症的な」自主性のない国号を、当時の人がつけるはずがないとお考えになったわけです。

そして先生は、「大和」の枕詞《まくらことば》である「ひのもとの」から日本が発生した、という説を展開されています。確かにそれは一つの説ではありますが、「ひのもとの」が枕詞として使われた歌は、極めて少ないのです。大和の枕詞はその他に「そらみつ」など幾つもあり、「ひのもとの」が使われるのはむしろ日本という国名が決まった後のようです。従って、その解釈は成り立たないというのが、現在では定説になっています。しかし、先生がそう解釈されたかったのも無理のない話で、実際に「日本」は中国大陸の唐帝国を強く意識した国号だと思います。これは多くの学者の認めているところですが、こう申し上げると、私も「自虐史観」と言われてしまうのかも知れません。それならそれで結構で、「日本」に関して何も知らないで「愛国心」を強調するよりも、「日本」についてもっともっとよく知ることの方が重要ではないかと、私は強調したいと思います。

しかし、それは逆に言えば、それまで「倭」という国名を使って、明らかに隋以前の中国大陸の帝国に朝貢していたヤマトの支配層が、小さいながら律令を定め、自らの帝国を作るのだという姿勢を明確に打ち出したのだということもできるのです。つまり、自らを朝貢国と位置づけていた状態から、脱却を図ったのだと思います。そう考えると、この国名には当時のヤマトの支配層の多少とも肩を張った、自立した小帝国形成への意欲が込められていることも間違いありません。そういった外交の面での意識の変化を読み取ることも可能であり、その点からも倭から日本への国名の変更はきわめて重要な意味を持っていると思います。ただ他面で、次回で述べるように、日本国は小帝国として東北・南九州を「侵略」し、新羅《しらぎ》への侵攻を計画したことがあったのも、見落とすことはできません。

そして、そのようにして決まったこの国名は、その後の日本列島の社会に決定的な影響を及ぼしました。つまり、その後、千三百年たった今でも、我々はこの国名「日本」を使い続けているのです。七世紀の支配層が自立への姿勢を打ち出すとともに、周辺に対して小古代帝国として侵略的姿勢を持ったこととの影響が、今でも残っているのは間違いないことだと思います。そして、何よりも最も問題なのは、我々がほとんど全く意識しないまま、「日本」をあたかも天から授かった国名のように、今もぼんやりと使い続けているということではないでしょうか。

Ⅱ　列島の多様な地域

日本国の範囲

　前回は現在、我々が何気なく当たり前のこととして使っている「日本」という国号を取り上げて、その起源と意味についてお話ししました。六八九年の浄御原令《きよみはらりよう》において「日本」が正式な国号として定められたという古代史家の大方の見解については、本来なら日本人全員が知っておくべきことだと思いますが、初耳であるという方も多かったのではないでしょうか。

　今回は、その「日本」という国号を定めた頃の国家の支配体制と、そこから生まれた地域呼称の問題について言及してみたいと思います。その前にもう一つ、「天皇」という王の称号もそれと同じ時に公式に決まったことも、忘れてはならない問題です。それ以前にも、「天皇」という称号は史料の中に散見することができますので、それについて、いろいろな議論はありますが、王の称号として公的に確定したのは、国号の確定と同じ浄御原令と考えられています。そして、それは前回に述べた、当時の支配層が中国大陸の唐帝国に対して強く抱いた自立意識から生まれたものだと言えると思います。

それまでは自らを朝貢《ちょうこう》国と位置づけていた倭《わ》国が、小さいけれどもそれなりの自立した小帝国を作ろうとした当時のヤマトの支配層の、肩を張った姿勢の中で、「日本」という国号と「天皇」という称号も定めたのです。中国大陸の帝国の「天子」に対し、自らも「天」を称したこの称号はやはり、大陸の帝国を強く意識した称号ですが、それ以来、千三百年にわたって「天皇」は「日本」という国家の頂点に存在し続けました。

私自身は、天皇はなくてもいいと思っている人間の一人ですが、実はその天皇の制度の問題もこの時期まで遡《さかのぼ》って考えなくては、決定的な解答は出しえないと思います。日本列島に最初にできた本格的な国家が「日本」という国名を名乗り、「天皇」という天に通ずる称号を使ったことの意味は、もっともっと徹底的に考えぬく必要があるでしょう。

さて、小さいながらも「帝国」として確立した日本国は、当時はもちろんまだ日本列島全体を支配下には置いていませんでした。具体的に言えば、東北中部から北の地域は支配下に入っていません。また、九州南部も入っていません。いうまでもなく北海道と沖縄は入っていないのですが、言い方を換えるなら、東北人も南九州人も、まだ日本人ではなかったということになります。

そうした状況の中で、当時の日本国の支配層は、自分たちが受け入れた新しい「文明」を、自分たちから見て「未開」の「異種族」たちにも広めようという意欲を強く持ったのです。ヤマトの支配者たちは、東北には「蝦夷《えみし》」、南九州には「隼人《はやと》」という「異種族」がいると考えていました。そして、そうした未開の世界に文明の光を及ぼしていくことに、ある種の使命感を抱いたと考えることもできると思います。

それ故《ゆえ》、国家ができ上がるや否《いな》や、日本国は軍隊を発して、東北や南九州に攻め込んでいきました。それが本格的になるのは、八世紀から九世紀初めにかけてのことです。その戦争のことを、かつては「蝦夷」の「反乱」あるいは「蝦夷征伐」、そして「隼人」の「反乱」などと称していましたが、これは決して「反乱」などではありません。もちろん、東北人も南九州人も自分たちとは異質な国家の影響力が、武力を背景に自分たちの独自な世界に及んできたのに対して、自立的な動きをしたのは当然ですが、それでもこれを「反乱」ということはできません。その原因は日本国の側にあると言わなくてはなりません。

つまり何もしない人々に向かって、日本国は軍隊を動員して攻め込んだのですから、それは東北、南九州に対する「侵略」とはっきり言うべきでしょう。いつの時代においても、帝国主義の国家は「文明」を広げようという意識を持って動きます。古代でも同様で、遅れた「未開」な国に「文明」を広めようとするのです。しかし一方の広められる方の立場になってみれば、それは明らかに侵略になります。それなりに独自の文化を持ち、自立した秩序を持って生活をしているところへ、勝手に「未開」の生活をしているなどと言われて、軍隊が攻め込んでくるのですから。

　こうした「古代帝国主義」による侵略に対して、東北人は一世紀にわたって頑強に抵抗を続けます。その結果、日本国はついに東北全土を領土にすることはできなかったのです。現在の岩手県の南部から秋田県のあたりは、九世紀の初め頃までに、東北人の自立的な秩序を認めた上で一応、形だけは日本国の中に入ったことを承認させて、ようやく支配下に入れました。奥六郡（胆沢《いさわ》、江刺《えさし》、和賀、稗貫《ひえぬき》、紫波《しわ》、岩手）、山北《せんぼく》三郡（山本、平鹿《ひらか》、雄勝《おがち》）がそれです。しかしながら、東北の最北部にあたる今の岩手県の北部から青森県の下北・津軽の地域は、十一世紀の後半あるいは十二世紀に至るまで、そのまま日本国の外にあったのです。

すべての帝国は道を作る

　日本国は、自分の支配下に入った地域に国・郡・郷（最初は里）という行政単位を設定しましたが、東北最北部はついにその枠組みに入らず、そこにある集落は日本国からは「村」と呼ばれていました。「村」は中世まで公的な国制の外にある集落の呼称だったのです。津軽・下北に郡ができて陸奥《むつ》国の中に入るのは十二世紀以降のことです。ただ、日本国全体としては国・郡の制度は九世紀前半には確立・固定したと見られています。そして、現在の東京・埼玉のあたりを武蔵国、主に神奈川県を相模《さがみ》国と呼ぶような、「国」の名前もその頃には確定していきました。

「国」の名前は、例えば古い吉備《きび》という地名の〝備〟を使って、都に近い方から備前《びぜん》、備中《びっちゅう》、備後《びんご》という国名をつけています。あるいは、毛野《けの》という地域の名から上毛野《かみつけぬ》、下毛野（上野《こうずけ》、下野《しもつけ》）という国名を定めるというように、それまでに存在した歴史的な地名を、ある程度取り入れた形でつけられていきました。そして、八世紀には「よい字を用いよ」ということになり、例えば三野《みの》国は美濃国、山背《やましろ》国が山城国になっていますが、最終的には六十六国、二島ということに落ち着きます。

　この時点で確立した「国」の枠組みは非常に強固で、ついに現在に至るまで破られていないと言うこともできるほどです。明治政府が二つないし三つの国を合わせて作った県もありますが、その大部分が完全には融合できていないと思います。

例えば、私は長く名古屋におりましたが、愛知県の中でも名古屋のある尾張と、もう一つの三河という地域では、そもそも言葉も違いますし、いまだに何かにつけて対立しています。一つの例を申し上げると、愛知教育大学は名古屋師範と岡崎師範との合同でできた大学ですが、どちら側に設置するかをめぐって長い間、引っ張りあいが続きました。そして、結局は中間に置くことで決着して、現在は本当に尾張と三河の境の刈谷市に作られています。「国」に対する意識はそのくらい我々の中に強く浸透しており、それは元をたどれば驚くことに、七世紀末に誕生した日本国の制度に及びます。もちろん、それから九世紀までに、合併したり分かれたりしていますが、基本的にはほとんど変更されていないということになるのです。

日本国は、その「国」の上に更に広域的な支配のために、「道」という行政単位を作りました。都を中心とした五箇国（最初は四箇国）が畿内、その東は東海道、東山道、北陸道、西は山陰道、山陽道、南海道、そして九州は西海道の七道が設定され、五畿七道といわれました。それらの「道」は行政単位でしたが、実際にその地域を走る道路も同時に作られたようです。最近、武蔵の国分寺、府中のあたりを通る東山道の跡が発掘されています。考古学の成果によって、それは十数メートルの幅をもつ舗装された直線的な道であることが明らかにされました。これはだいぶ前に発掘された山陽道でも同様で、地理学の木下良氏が明らかにされている通り、当時の日本国の支配層は本気で計画的に直線的な大道を作ろうとしていたのです。

日本に限らず、ローマにせよペルシャにせよ、古代の帝国は領土を拡張するための軍事的な目的で、必ず直線的な道路を作りました。インカ帝国にも細く真《ま》っ直《す》ぐな道がありますが、三千五百メートルの高地にあるクスコまで使者がその道を駆け登っていったそうです。ローマや中国大陸の帝国の場合は、戦車が通れるだけの広さの道になっています。しかし日本の場合、江戸時代まで本格的に戦車を使った形跡はまったくありません。それ故、どうしてこのような広い道を作ったのかについては、議論があるようですが、軍事的な目的であったことは間違いないと思われます。東への道は東北人との戦争のためですし、西への道は朝鮮半島の新羅《しらぎ》との戦いを予想して作られたものと考えられています。

ただ、この時期においても日本列島の交通体系の基本、生活に即した交通路は、海と川でした。ですから、当時の国家、日本国は非常に不自然な事業を行ったということができるのです。実際、二、三十年でこの道は荒れはじめ、百年もたたないうちに、直線道路は荒廃してしまいます。そしておよそ七、八十年ほどの間に、狭くなったり消えてしまったりして、元の自然な道へと戻ってしまいました。自然な道は、やはり海や川との接点を持ちながら通っていく道だったのです。

日本は孤立した島国ではない

しかし、八世紀に日本国が作った「道」の行政単位は、現在でも東海、北陸、山陽、山陰など、広域地名として使われ、JRの鉄道の名称となっています。今も使われている地域呼称が、律令制の行政単位を継承しているわけです。山陽、山陰などは範囲もその当時のままといってよいと思います。現在、それらの呼称が新幹線の名前をはじめ、JRの幹線名として使われているところが、さきほどの陸上の直線道路のことを考えると面白いことだと思いますが、重要なことはこの広域地名は畿内、つまり現在の奈良、京都を中心として作られた地名であることです。そのことは、ここで改めて確認しておく必要があると思います。

畿内（山城、大和、摂津、河内《かわち》、和泉《いずみ》、現在の京都、奈良、大阪）というのは当時の日本国の支配層の出身地であり、そこだけが特別な行政区になっていました。つまり、畿内こそ、ヤマトの国家の中心地であり、ほかは「外国《げこく》」といって待遇がまるで違っていたのです。現在使われている近畿という地域名も、その「畿内」の畿をとっていることは言うまでもありません。そして、当時の国家の基盤となったのは畿内から西の地域であり、東の方「東国」は異質な人びとの住む地域と捉《とら》えられていました。それがこの国家、日本国の特徴的なところですが、国家の成立の過程を見れば一応、自然に理解できることでもあります。

ところで、日本列島の東部と西部は、極めて古い時代から異質な社会であったことが、最近の考古学者や人類学者の研究によって明らかになってきています。本州のほぼ中央部を走るフォッサ・マグナを境にして、東と西とでは旧石器時代から文化が異なり、言葉や風俗、習慣も異なっていたようです。

その前提として、日本列島は決して孤立した「島国」ではないということも、指摘しておかなくてはならないでしょう。左に掲載した地図は、富山県が作成した環日本海諸国図と呼ばれるものですが、これを見ると我々が当然のように日本は「孤立した島国」であるなどと言っているのが、いかに地形を無視した無茶な捉え方であるかが、よくおわかり頂けると思います。

これは、日本列島を、通常とは異なり南北を逆転させて、大陸から見る形にしただけの地図ですが、これで見るとよくわかるように、日本海はほとんど湖同然の内海で

「環日本海諸国図」（この地図は、富山県が建設省国土地理院長の承認を得て作成した地図〔承認番号　平6総使第76号〕を転載したものです）

す。その周囲の列島は、実は全部狭い海で繋《つな》がっていると考えることができます。対馬《つしま》と朝鮮半島の間は非常に狭く、対馬からは朝鮮半島がよく見えますし、サハリンと大陸との間も結氷したら歩いて渡れる狭さです。サハリンと北海道の間の海峡も、流氷に乗って動物が渡って来ることは容易であろうと思われます。

それを断ち切って、現在の領土の範囲で「島国」であると意識したのは、日本の近代国家です。明治政府は、近代国家として国境を明確に定め、その範囲の中で国民国家を形成しなければなりませんでした。したがって、四方の海は「国境」として守るべきものという考え方を国民に徹底的に刷り込み、私自身も日本は「孤立した島国」だと教え込まれて育ちました。

しかし、この地図を見ると日本列島は実際には、アジア大陸の南と北とを結ぶ架け橋のような存在だったと考えられます。この橋を渡って、北からも西からも南からも、あるいは東からも人や物が出入りしていたことは、疑うことのできない事実だと思います。そして、その人や物の流れが、旧石器時代から縄文時代にかけて、すでにフォッサ・マグナを境にして東と西とで異質な文化を生み出していったのです。

さらに、紀元前三世紀頃の弥生《やよい》時代になると、列島西部の社会に大きな変動が起こります。朝鮮半島、中国大陸からの人と物の大波が日本列島に押し寄せてきました。人類学者の埴原和郎氏の研究によると、弥生時代から古墳時代にかけて、すなわち紀元前三世紀から紀元後六世紀くらいまでの約千年の間に、少なくみても数十万人、多くみると百万人から百五十万人という多数の人々が、半島や大陸から日本列島西部に渡ってきたのだそうです。現在、朝鮮半島に住んでいる人と西日本、近畿に住んでいる人の形質を調査すると、両者の間には極めて濃厚な遺伝的類似性があるといわれています。これに対して東日本人と西日本人との間にある遺伝的差異は、それよりも大きい場合があるとも言われています。

このような人の形質を始めとして、列島西部の社会と朝鮮半島南部の社会とは、様々な面で類似しているということは確かのようです。こういうことを話すと、すぐに日本人と朝鮮人とは祖先が同じなのかという議論になりがちです。戦前はそういう方向での議論が確かにありました。しかし私は今、決して「日本人」とは言っておりません。列島西部人と朝鮮半島人が似ていると言ったのであり、そういう捉え方で厳密に両者を比較してみる必要があると考えています。

似ているという点で言えば、最も重大な点が被差別部落の問題です。これは、いずれ後に詳しく述べますが、日本列島の西部と東部とで決定的に違うのが被差別部落のあり方です。もちろん、列島東部にも被差別部落は存在していますが、西部に比べるとずっと深刻度が低いと言わざるを得ません。列島西部の方がはるかに深刻であり、その点でも朝鮮半島の社会と列島西部の社会とでは類似したところがあると思われます。そして、アイヌと沖縄には被差別部落はありません。

平将門の新国家

それはともあれ、ここで申し上げたいのは、日本列島の社会が決して一様ではないということです。私は列島東部の山梨の出身ですが、当時のヤマトの支配層は、東の人間は「東夷《とうい》」すなわち東の野蛮人だと言っていました。逆に東の人間は西の「文明」に魅《ひ》かれつつも、言葉も違い、確実に違和感を抱いていたと思います。日本国が直ちに自分たちの国であるとも考えていなかったのではないでしょうか。このように東と西の人たちは、もともと相互に体質の違う社会であることを、古代から意識し合っていたと思われます。

そのような実態を背景に、八世紀初頭に確立した日本国の制度が、時と共に段々と弛緩《しかん》していきます。そして十世紀に入り、各地域に対する国家の統制力が弱まってくると、それぞれの地域が自立的な動きを見せ始めます。その動きがはっきりと表面化したのが、十世紀前半の平将門による新たな国家の樹立でした。

将門は、いわゆる「天慶の乱」を通じて日本国の朝廷に反逆し、武蔵、相模、上総《かずさ》、下総《しもうさ》、安房《あわ》、常陸《ひたち》、上野、下野の関東八カ国と伊豆を基盤にして、下総国猿島《さしま》に都を置いた自立した新国家を建て、自らは「新皇」すなわち新しい天皇と名乗りました。この事件と将門にまつわる出来事を記した『将門記』によれば、新皇の即位は八幡神《はちまんじん》の託宣で行われ、その地位を証明する文書、位記《いき》を将門に与えたのが、京都の朝廷によって大宰府に流され、悲運の死を遂げた菅原道真《みちざね》ということになっています。つまり、天皇に対する反逆者によって、新皇としての権威づけが行われたわけです。

この時点では、本州・四国・九州には間違いなく二人の天皇が存在しました。将門自身は、自分が支配下に置いた地域を呼ぶ際には、足柄・碓氷《うすい》の峠の東であるという意味の、「坂東」という表現を使っています。それはすなわち、ほぼ現在の関東地方と考えて差し支えありませんが、伊豆が入っていることに注目すべきで、将門は南関東の水郷地域をはじめ、現在の房総・伊豆半島を含む海上交通を確実におさえていたのです。ただ、非常に重要な点は、将門も日本国が作った「国」の単位は壊していないのです。将門は自分で新たな行政単位を作ろうとはせず、日本国による既成の「国」に自分が任命した役人・国守を派遣するにとどまっています。

従って、日本国とは異なる国名を定めるという発想も、どうやら将門には無かったようです。また、やはり『将門記』によれば、彼は独自の暦を作ることもせず、新たに元号を立てることもしませんでした。つまり、時間軸についても本来の日本国、西の「本天皇」と同じ時間軸を用いていたことになります。

将門が樹立した新国家は、このように極めて重要な役割を果たしたものの、彼の死によって僅《わず》か三カ月足らずで崩壊してしまいます。それと時を同じくして、西の瀬戸内海では藤原純友《すみとも》という「海賊」、海の有力者たちを基盤とする豪族が反乱を起こしました。もし、将門があと数年生きていて、彼の新国家が継続していたなら、京都の王朝は滅亡の危機を迎えていたと思われます。

しかし、将門の死後も、東国人の独自な動きは更に活発になっていきます。将門の新国家の記憶が坂東の人々の頭の中に残り、地域の自立性を支えていたと言うことができると思います。それがやがて、十二世紀末の鎌倉幕府の成立につながっていきますが、一方で東北の「奥羽《おうう》」と呼ばれる地域にも新たな動きが湧《わ》き上がってきます。

さきほど述べたように、この地域はかつて日本国の侵略に対して、徹底的に抗戦しました。その伝統を背景に「俘囚《ふしゅう》」（日本国に服属した東北人）と呼ばれる安倍氏が、日本国の国制の外にあった東北最北部や北海道南部とも関わりをもちつつ、独自の政権を作ろうとしていきます。そして、それに続く清原氏、さらに奥州藤原氏の時代に、津軽・下北を含む奥羽全域に初めて自立した政権が出来上がりました。結果的には、その時に初めて東北最北部も日本国の中に完全に入ることになります。

いずれにせよ、坂東や奥羽といった地域名は、日本国の中心である畿内や京都に視点を置いた呼称でした。それが、十二世紀末の鎌倉幕府の誕生によって大きく変わっていきます。鎌倉幕府はやがて奥州藤原氏を滅ぼし、現在の中部・関東・東北一円を直接の統治権が及ぶ範囲にしますが、その範囲が「東国」と呼ばれるようになります。

そして、やがて幕府が自らのことを「関東」と呼ぶようになるのです。決して畿内からの視点によるのではなく、非常に誇り高く、そう呼ぶようになります。そのあたりから、日本全国の地域呼称にも変化が見られ、具体的には関西、中国、四国、九州といった呼称が使われるようになるのです。

Ⅲ　地域名の誕生

「関東」と「関西」

現在、我々は都道府県をこえる広域的な地域の呼称として通常、東北・関東・中部・近畿・中国・四国・九州の七つを使っています。その中で、東北は時として奥羽《おうう》と呼ばれることがあり、中部は更に細かく甲信越・北陸・東海に分けられたり、中国も山陰と山陽に分けて呼ばれることがあります。また、関東に対して関西という呼称もしばしば用いられます。そのうち奥羽や甲信越は、七世紀末に日本という国号を定めた「日本国」が、制度として設けた「国」の名前の略称から成り立つ呼称です。そして、東海・北陸・山陽・山陰は、やはり律令制《りつりょうせい》の下で造成された、直線的な道路の名称であり、「国」の上位の行政単位である「道」の呼称にもなっていること、またそれは「日本国」の支配層の出身地であり、国家の中心でもあった畿内に視点を置いた呼称であることは、前回お話ししました。

それでは、関東、中国、四国、九州といった呼称は、一体いつごろから使われるようになったのでしょうか。まず関東ですが、これは非常に古い言葉で、記録に残っている最古の使用例は天平十二年（七四〇）にまで遡《さかのぼ》り、『続日本紀《しょくにほんぎ》』の中に、聖武天皇が思うところあって、しばらく「関東」に行くと言った、という記述を見出《みいだ》すことができます。その当時の関東は、伊勢国の鈴鹿《すずか》、美濃《みの》国の不破、越前国の愛発《あらち》という三つの関の東という意味で使われていましたから、やはり「日本国」の中心である大和から見た言葉だったのです。また、足柄坂・碓氷《うすい》坂の東をさす「坂東」という呼称も、同じ頃から多く用いられていました。しかしその後、平将門の乱を経て、京都の王朝から自立した独自の「国家」、あるいは王権として樹立された鎌倉幕府が、自らの統治権下に置いた地域を指す呼称として「関東」を使うようになると、その意味は大きく変貌《へんぼう》していきます。

鎌倉幕府は、自らが出す命令書や判決書のことを「関東御教書《みぎょうしょ》」「関東下《げ》知状《ちじょう》」と呼びました。ここでいう関東は三河、信濃、越後から東の地域で、時として尾張や能登まで含まれる場合もあります。いずれにしても、幕府は半ば国号のような扱いで「関東」を使っているのです。つまり、この時点ではもはや「関東」は、畿内の視点に立った地域呼称とは別の意味をもつ言葉になっていると言えるでしょう。そして、それに対応する語として、鎌倉に視点を置いた「関西」の語が誕生しました。

『吾妻鏡《あずまかがみ》』の治承四年（一一八〇）十月二十一日の条に、源頼朝が富士川の合戦で平氏に勝ち、その勢いで西に攻め上ろうとした時、千葉、三浦、上総《かずさ》などの武将たちが「まづ東夷《とうい》を平らげて後、関西に至るべし」といって諫《いさ》めたと書かれています。つまり、東にもまだ佐竹などの有力な武将が従わずにいるので、それを潰《つぶ》してから西に向かってはいかがかと言って頼朝を引き止めたのですが、それが記録上の「関西」の最も古い用例になります。その後、同じ『吾妻鏡』の建仁三年（一二〇三）八月二十七日の条に、鎌倉幕府の二代目将軍の源頼家が「関東二十八国」の地頭並びに守護職を長男の一幡《いちまん》に、「関西三十八国」の地頭職を弟の千幡《せんまん》（のちの実朝）に譲ったという記事も出てきます。

ただ、その年号の時点で、本当にこの呼称が使われていたかどうかは検討の余地があると思われます。『吾妻鏡』が編纂《へんさん》されたのは鎌倉時代の後期ですから、原史料でなく地の文、つまり叙述の文章として書かれている部分は、鎌倉後期の文章と考えなくてはなりません。今申し上げた二例とも、原史料の部分ではありませんので、厳密に言えば鎌倉後期の言葉と考えるべきでしょう。

しかし、とにかくこの頃に「関東」に対する言葉として、「関西」が用いられていたことは確かです。そして「関西」とは、東の国家である鎌倉幕府の視点に立った呼称であることは、間違いないことだと思います。この場合の「関」がどこの関所を指すのかは不明で、先ほどの三関だったとも考えられますし、或《あ》るいは碓氷、足柄の関だったかも知れません。おそらく三関の方だと思いますが、そこから西の地域を「関西」と呼んだわけです。これは東に視点を置いていなければ絶対に出てこない言葉ですから、それまでは畿内中心だった日本の地域呼称が、ここで大きな変化を遂げたと言えるでしょう。

「関西」は、その後の使用例はさほど多くは残っていないものの、ずっと生き続けました。「くわんぜい」という呼び方で、室町時代の記録にも出てきます。江戸時代には「上方」という言葉の方が多く用いられますが、「関西」もなお消えることはなく、近代に入って東京が都になったことから普遍的な言葉として定着し、むしろ大阪を中心にした地域をさす語として広く用いられるようになっていきました。

また、「東国」という言葉も、当初は西からの視点で用いられていました。三関を越えた美濃や尾張あたりから東を東国と呼んだり、さきほどの関東と同じく三河・信濃・越後以東を指す呼称として使われていた形跡も古代には残っています。それに対して、「西国」は、最初は「日本国」のさらに西にある国という意味で使われており、中国大陸を指したり、天竺《てんじく》を表す言葉として記録に現れます。やがてそれが、日本列島内の地域呼称として西海道、現在の九州を指す言葉に変わっていきますが、もちろんそれもやはり畿内の視点からの「西国」でした。

鎌倉幕府も成立した当初は同様の使い方をしていました。それが、承久三年（一二二一）に北条氏の率いる東軍と、後鳥羽上皇の命を受けた西軍が雌雄を決した東国・西国戦争、いわゆる「承久の乱」で、東軍すなわち幕府が勝利した時点から変化が生じます。この戦争の後、京都に設置された六波羅探題《ろくはらたんだい》の管轄《かんかつ》範囲が尾張・飛騨《ひだ》・加賀から西となったため、法令上そこが西国に定められたのです。訴訟が起こった際に、鎌倉幕府が裁決するのが東国、六波羅探題が裁決を行う地域が西国と、はっきり分けられました。さらに、幕府の統治権が及んでいる地域が東国、天皇の統治権が及んでいる地域が西国とされ、両者は互いに内政不干渉の形を取るようになります。つまり、この頃から日本列島に東西二つの中心、二つの王権があることを、明確な前提として、地域呼称が用いられるようになったのです。

自立していく九州

「九州」という言葉が定着しはじめるのも、その頃のことです。律令国家において「西海道」とされた九州の呼称としては、大宰府を鎮西府と呼んだことから、「鎮西」

の語が古くから使われていました。『今昔物語集』などにも、数多くその用例が出てきます。また、先ほどもふれましたが、「西国」と呼んだ例も残されており、鎌倉幕府も貞永《じょうえい》元年（一二三二）の「畿内近国幷西国堺相論事」のように、初期の法令では九州を畿内近国と区別して「西国」と呼んでいます。

いうまでもなく、「鎮西」にせよ「西国」にせよ、「日本国」の視点、京都の立場に立った呼称ですが、これに対して「九州」「九国」の語が使われ始めるのはだいぶ時代が降《くだ》ってからで、『今昔物語集』の巻十一第六に「九国ノ軍《いくさ》ヲ催シテ」とあるのが、私の知る限り最古の用例だと思います。その後は『吾妻鏡』にも出てきますが、注意すべきなのは文治元年（一一八五）の記事に、九国・九州という語が集中して出てくることです。実は鎌倉初期の元号を持つ文書で、九州という地域名が出てくるものには偽文書が多く、後年になってから作られたものである可能性が高いのです。従って、実際に「九州」という地域名称が定着したのは、鎌倉中期以降のことと考えてよいと思います。

鎌倉期の文書を見ますと、「九州」は当初、宇佐神宮の造営を受け持つ範囲の意味で使われることの多い言葉でした。建治元年（一二七五）十二月三日の官宣旨《かんせんじ》案に、「鎮西神社造営例」として「宇佐宮者九州被㆑充㆑之」という一文が出てきますし、その他の文書でもしばしばそういった使われ方をしています。宇佐神宮は九州の諸国が造営費を負担する神社であるという意識を、この地域の人々は強くもっていたようです。

その後、モンゴルの襲来という大事件に直面した際に、幕府が制度面の大改革を行います。博多に「鎮西探題」という役職を置き、九州の裁判権、統治権を関東が掌握することにしたのです。それまで九州は、西の王朝の統治権の範囲であるという認識を幕府ももっていたのですが、モンゴルが襲来した時に、最も危険性の高い地域であるため、幕府が直接、掌握していないと十分な防衛ができないと判断したものと思われます。そして、その頃から「九州所領」「九州官軍」「九州の宗たる神社」「九州津々関泊」「九州地頭御家人」など、幕府の公的な文書において「九州」が頻繁に使われるようになります。

歴史をたどれば、九州が地域として自立した意識をもち始めた時期は極めて古く、弥生《やよい》時代にまで遡ることができます。卑弥呼《ひみこ》の邪馬台国《やまたいこく》の所在地をめぐる論争では、必ず北九州が名乗りを上げますが、その頃から地域意識があったと言えるでしょう。しかし、「九州」の地域名の定着はこのように大分時代が降っており、九州全体でその意識が強固になったのは、モンゴル襲来以後になると思います。そして、やがて十四世紀に鎌倉幕府が滅びて本州・四国・九州が大動乱に巻き込まれると、自立を目指す九州の動きは一段と強力になっていきます。

作家の北方謙三さんの作品に『武王の門』という、大変面白い小説があります。後《ご》醍醐《だいご》天皇の皇子である懐良《かねよし》親王が九州に王国を作ろうとした、という前提で書かれた小説ですが、それは決して史実を無視した空想ではありません。懐良親王が九州に自立した政治的権力を作り上げようとした形跡は、本当に残っているのです。親王は、「懐良」ではなく「良懐」という名前で、その頃誕生した中国大陸の帝国、明《みん》の皇帝に使いを送り、正式に日本国王に封じられています。そして、それを知って焦《あせ》った足利義満が自ら「日本国王」と名乗り、朝貢国《ちようこう》であることを鮮明にした上で明に使いを送って、懐良親王を押さえようとしたのは歴史的な事実です。それはともかく、重要な問題は、南北朝の動乱によって、九州が政治的にも地域として自立する傾向が強まっていったということです。

広域的地名と神仏

その頃、「中国」という呼称も登場してきます。「中国」という言葉自体は『玉葉』の寿永二年（一一八三）閏《うるう》十月十八日の条の「中国之上下、併可餓死」のように、かなり以前から使われていました。しかし、その「中国」とは西海、四国、東国等にはさまれた、畿内をも含む地域を指す語だったようです。山陰道と山陽道の諸国を合わせた、現在の中国地方が独立した地域名をもつ契機となったのは、やはりモンゴル襲来でした。文永十一年（一二七四）の第一次襲来の後、長門《ながと》の沿岸を警備する必要に迫られた幕府は、「長門・周防《すおう》探題」という機関を設けました。その時点ですでに「中国探題」と呼ばれていたという説もありますが、当時の史料でその名称を使っているものは、今のところ見つかっていません。また、その管轄範囲も現在の中国地方全域には及んではいなかったようです。

はっきりと「中国」の地域名が現在に近い意味で使われるようになるのは、南北朝の動乱に入ってからです。貞和五年（一三四九）四月、足利尊氏《たかうじ》の子で、尊氏の弟、直義《ただよし》の養子になった直冬が、「西国」へと向かいました。直冬は実の父親の尊氏と仲が悪く、養父の直義の味方をするのですが、幕府の命で評定衆、奉行人など、裁判機関を構成する人々を数多く従えて下向していきます。そして備後《びんご》国の鞆《とも》を根拠地として、備後、備中、安芸《あき》、周防、長門、出雲《いずも》、因幡《いなば》、伯耆《ほうき》の八カ国を管轄するようになりました。鞆は、このように「中国」の中心とされていたのです（『師守記《もろもりき》』同年四月十一日条）。

裁判権まで有する直冬のその権限を、『太平記』は「中国の成敗を司《つかさど》る」「中国探題」と記しています。現在の中国地方と比較すると、石見《いわみ》、備前、美作《みまさか》の三国が抜け落ちていますが、地域名としての「中国」は、この時から使用されるようになったと考えられます。その後は、観応元年（一三五〇）に高師泰《こうのもろやす》が直冬を討伐する際の「今日丑刻《うしのこく》、先《ま》づ中国に発向す」（『祇園執行日記《ぎおんしゆぎようにつき》』同年六月二十一日条）といった用例が、頻繁に見られるようになります。また、延文元年（一三五六）以後、備前、備中、備後、安芸の四カ国の守護となった細川頼之が「中国管領《かんれい》」「中国大将」と呼ばれたように、この地域呼称は十四世紀後半以降は完全に定着したといってよいと思います。

では、なぜ「中国」と呼ばれるようになったのでしょうか。畿内近国と九州との中間の国々を意味していると考えるのが、最も自然な解釈でしょう。それは、九州の自立意識が強まるに伴って、従来は畿内近国と一括《くく》りにされていたこの地域にも、畿内と九州の間にある独自の地域としての意識が芽生えたことを示しています。この時期に日本列島の各地で、そのような地域意識から生まれた地名がいくつかありますが、現在に至るまで残っている一つの例が「中国」なのです。ただ、ヘボン式ローマ字で知られるJ・C・ヘボンが編んだ明治十九年（一八八六）刊行の『和英語林集成』第三版（講談社学術文庫、一九八〇年）の「中国」には、播磨《はりま》から長門までの山陽道八カ国しか挙げられていません（この点、佐藤進一氏のご教示による）。

それ以外の地域名についてですが、「四国」は『古事記』の中にも「身一つにして面四つ」を持つ「伊予の二名島」として出てきます。ただ、文書の中で四国という言葉が使われた例はあまり数多くなく、『今昔物語集』巻三十一第十四の「四国ノ辺地ト云ハ伊予、讃岐《さぬき》、阿波、土佐ノ海辺ノ廻也」が最も古い用例と思われます。従って、九州と同様に十一世紀頃から使われ始めたようです。そして『玉葉』の文治元年（一一八五）十二月二十七日条に見える源頼朝の言上状に、使者を「鎮西・四国」に遣わすという用例もありますが、四国の場合、鎌倉時代や室町時代には、制度的な地域名としてはほとんど定着していません。その理由は、四国には九州の鎮西奉行や鎮西探題のような機関が置かれなかったためであり、それは瀬戸内海に面した阿波・讃岐・伊予と、太平洋に面する土佐とでは異質なところがあったからと考えることもできます。

そしてもう一つの重要な点は、「四国」の呼称が史料の中では、鎌倉中期に「四国遍路三十三所諸国巡礼」とあるように、「お遍路さんが巡礼する範囲」の意味で使われている例が多いのです。さきほどの九州の宇佐神宮造営と同様に、神仏との関連で広域的な地名が現れてくることも、日本列島の地域形成を考える上で見逃すことのできない点だと思われます。

気づかれていない地域意識

同じく制度的な地域名にはならなかった呼称として、北陸道の諸国を指す「北国」が挙げられますが、その用例は『吾妻鏡』の中にいくつも残っています。たとえば、養和元年（一一八一）十一月二十一日に平通盛らが「北国より帰洛《きらく》」したという記事や、建仁元年（一二〇一）四月二日条に城資盛《じょうのすけもり》が越後で「北国之輩《やから》」を招いて叛逆《はんぎゃく》しようとしたという記述、承久三年（一二二一）五月十九日条の京都の軍勢と戦うべく名越朝時《なごえともとき》が「北国」に向かったという記事などがあります。

鎌倉幕府の成立後、北陸道諸国の守護になったのは、比企《ひき》朝宗という武蔵国比企郡の豪族です。彼は武蔵から越後に向かい、そこから若狭《わかさ》まで北陸道を一国ずつ押さえていきました。武蔵から上野《こうずけ》、信濃《しなの》を経て越後に至る列島横断のルートがあり、北陸諸国はそのルートに結びついていました。しかし、このように北陸道全体で一人の守護しかいなかったのは、北陸が独立した一つの地域となる可能性があったことを示しています。比企氏の後は北条氏一門の名越氏が越後から加賀までの守護となり、若狭もやがて得宗《とくそう》（執権の家督）が守護となりますが、越前の守護は島津氏や後藤氏で、結局、北陸には探題などの役職は置かれていません。

ただ、あまり知られていませんが、十三世紀後半のモンゴル襲来の時、越前の敦賀《つるが》に防衛のための役所があり、北陸道の御家人が警固に動員された形跡があります。若狭国御家人に建治元年（一二七五）、「蒙古国事《もうこ》」について用意せよという命令が下っています。実は、モンゴル軍はその頃、サハリンに侵入しているのです。ちょうど、北海道にアイヌ文化が形成された頃で、サハリンにも数多くのアイヌが入っていますが、アイヌはさらに、交易のためアムール川の上流にまで遡《さかのぼ》るという活発な動きを見せています。そこでアイヌはニヴフ（ギリヤーク）と衝突したようです。そしてその衝突に関連して、ニヴフの訴えに応じてモンゴルの軍勢がアイヌと戦い、サハリンに四回も侵入したのです。アイヌの方が優勢だったという説もありますが、問題はそうした北方の動向を幕府がどの程度つかんでいたかということです。敦賀に防衛の拠点を設けたのは、あるいはモンゴルが日本海を渡って、北方から攻め込んでくることを想定していたとも考えられます。

結局、探題の設置にまでは至りませんでしたが、仮に設置されていたら「北国」はもっと自立した地域になった可能性が高いでしょう。実際、この地域は日本海の交通によって奥羽、山陰とも結びついて、独自な地域としての特質を持ちつづけます。そして、十六世紀になると、東国、中国、西国などと共に「北国」の呼称が広く使われるようになりました。

急ぎ足で見てきましたが、このように日本列島の広域的地名には、それぞれ固有の歴史があります。この地域名は「日本国」の歴史的な変転の中で、各地域と「日本国」との関係において、さらには日本列島の外の動きとも関わりをもちながら、形成されてきた呼称であると言えます。

現在も、日本人は自分の生活する地域、あるいは生まれた地域に対する特別な意識を、それぞれ持ちつづけていますが、その基盤が作られた時期は当面、戦国大名が出現した十五、六世紀に求められるでしょう。ＮＨＫの大河ドラマの多くは、そうした地域意識に支えられることを期待して作られているとも言えます。私の郷里は山梨県ですが、武田信玄がドラマになった時、山梨県の道という道に「風林火山」の旗が立てられたのには驚きました。毛利元就《もとなり》の時には、中国地方が大騒ぎしていましたし、大河ドラマの誘致合戦が行われているなどという話も耳にします。

私が申し上げたいのは、我々の中にそのような地域意識があり、それにはそれなりの歴史があることを、日本人は深層まで掘り下げて認識できていないのではないかということです。何年か前に、さる洋酒会社の社長が、「東北は熊襲が住んでいた未開の地域」などと発言して、物議を醸《かも》したことがありました。悪気はなかったにしても随分ひどい話ですが、これは関西人あるいは西国人の発言であり、東北人や関東人は決してこのようなことは言わないでしょう。まさしく、それぞれの地域に固有の歴史があることに気づいていないがゆえの失敗だと思うのです。そして、この出来事は、日本人が決して一様ではなく、多様な歴史を持っていることについての認識の欠如が、時として人の心を傷つけてしまうことも有りうる、という事実を示す好例だと思います。

十五世紀にはさらに、北海道に「夷千《えぞち》島王《しまおう》」と名乗る人物が出現し、一方では琉《りゅう》球《きゅう》王国も誕生します。つまり、この頃になると日本列島には「日本国」以外の国家が現れ、列島全体に実に多様な地域が分立していたことが明瞭《めいりょう》になってくるのです。今回は、今なお生きているそうした地域の多様性への理解を、言葉の問題を通じて深めて頂ければと思ってお話しいたしました。

Ⅳ　「普通の人々」の呼称

「人民」と「国民」

現在、我々日本人は全員が自由で平等であると法的に認められており、我々自身もそう思っています。言い換えると、現代の日本には法律上、「身分」は存在しないことになります。しかし、歴史を振り返ってみると、近代以前の日本の社会には「身分」が明らかに存在しました。生まれながらにして特定の身分に位置づけられる場合もありましたし、その時代の状況によって、権力者との関係において身分が生ずる場合もありました。明治以後、法的に「身分」がなくなっても、敗戦前には経済的・社会的な地位に即して「身分」が生きていたと思います。そう考えてくると、そもそも「身分とは何か」ということは非常に重要な問題なのですが、今回はそれに立ち入るのではなく、それぞれの時代において、様々な身分に即して使われた呼称、言葉について考えてみたいと思います。

そのような身分用語の中には、今日その意味が正確に理解されなくなってしまった言葉も少なくありません。最近、私が事あるごとに繰り返し発言している「百姓」の問題もその一つですが、ここではまずそれも含めて、我々が普段あまり意識しないで使っている普通の人々を指す言葉あるいは身分を示す言葉などを取り上げ、その歴史的背景を考えてみたいと思います。

最初に考えて頂きたい問題は、現在の我々自身を表現する言葉として、何を使うのが適当かということです。一般の普通の人々を指す言葉としてさしあたり思いつくのは、国民、庶民、市民、人民などの言葉ですが、それぞれの語には我々の大多数が共通して抱くある種の語感が付着しているように思われます。

まず、「人民」ですが、この言葉にはある種の色がついていると感じる方が少なくないでしょう。その色とは「中華人民共和国」「朝鮮民主主義人民共和国」などの社会主義国家が国号の中に使っていることに象徴される、左翼の用語というイメージだと思います。日本でも、敗戦後の労働運動の最中に「勤労人民大衆」といった表現がさかんに用いられていましたが、それは明らかに戦前の「国民」に対するアンチテーゼとして意識的に使われた言葉でした。

しかしながら、実は「人民」という言葉は歴史的には非常に古くからある言葉なのです。「天下人民」と書いて「あめのしたのおおみたから」と読む表現がすでに『日本書紀』の中で使われており、「ひとくさ」とも読まれています。その後、鎌倉時代から江戸時代にかけてはそれほど多くの用例が残っていませんが、一貫して使われており、決して色のついた言葉ではなく、普通の言葉であることは確認しておく必要があると思います。

さきほど「戦前の国民」と言いましたが、その「国民」も歴史の中で意味が変化した言葉と言ってよいと思います。中世においては、「国民」の「国」は武蔵国、相模《さがみ》国などの国を指していました。そして、その国における侍クラスの人を「国人《こくじん》」と呼び、それと同じような場合に「国民」という用法が記録の中に現れます。特に、奈良の場合には興福寺のもとに組織された大和の有力な地侍を、「国民」と呼んでいたのです。武蔵や相模などの国の、国司の支配下にある一般の人々のことを「国民」と呼んでいる事例もありますが、中世の史料で多く目にするのは、むしろ国々の有力者を指す場合が多く、しかも「国人」の用例が多いと思います。

現在、我々が「日本国民」と言う場合には、もちろん日本国の一般の人々の意味になりますが、「国民」がこのような使われ方をするようになったのは、近代以降と考えて差し支えないと思います。従って、現在の意味に即して考えた場合には、「人民」の方が「国民」よりも言葉としての年輪を重ねていることになります。

いずれにせよ現在、「国民」と言った場合には、どうしても国家の存在が前面に浮かび上がってくることを避けられません。戦後の一時期、この言葉が使われなかったのは、戦争中の忌《い》まわしい記憶が我々の中に燻《くすぶ》っていたためであり、それはいまだに完全に払拭《ふっしょく》されてはいないと思います。また、現在は国家そのものがその存在を問い直されている時代であることも考慮すべきではないでしょうか。（こうした状況の中で「日本国」の出発が七世紀末であることが学問的に明らかにされているにもかかわらず、神話にもとづく二月十一日を日本の「建国記念の日」としたまま、日の丸・君が代が国旗・国歌として法制化されることは、まったく道理に合わないと私は考えています）

ですから、私にはむしろ「人民」の方が使いやすい感覚があるのも事実です。「国民」は今後も大いに使われていくことは間違いないでしょうが、我々自身のことを表現する言葉として、果たしてその一語だけで十分なのかどうかに関しては、議論の余地が残されていると思います。

手垢《てあか》にまみれない言葉

最近、一般の人々を指す言葉として積極的に使われるようになったのが「市民」です。新たな政党が発足する際には、「市民のための政治」を標榜《ひょうぼう》することが約束事のようになっていますし、「市民意識」という表現もよく目にするようになりました。「市民」とは元々は「シビル」という英語からの翻訳語であり、日本語としては新しい言葉です。

敗戦後、都市化が急激に進み政党の基盤も大きく変化を遂げる過程で、「市民」が新たな意味をもって強調されるようになってきました。もちろん、それは大いに積極的な意義があると思いますし、今後もさかんに用いられると思います。しかし一方で、「市民」には何となく欧米臭、インテリ臭さを感じて、使うことに抵抗を覚える方も少なくないのではないでしょうか。文字面《づら》から受ける印象としても、都市的感覚が強い語であることは否《いな》めないでしょう。恐らく、村の住民は、自分たちを「市民」と呼ぶことには馴染《なじ》めないように思われます。従って、我々全体を表現する言葉として定着させるのには、なお問題が残ると言わざるを得ません。

また、「市民」より親しみやすく使いやすい言葉として、「庶民」を挙げることができます。まさしくこれは「庶民的」な感覚を持つ語と言えますが、これも「人民」同様、『日本書紀』から使われている非常に歴史の古い言葉です。古代においては、「庶民」または「庶人」と書いて、やはり「おおみたから」と読んでいたようです。「おおみたから」は「人民」「庶民」のほかに、「百姓」など様々な漢字で表現された言葉でした。その中でも、「庶民」は古代のみならず平安時代の古文書にも用例が残っています。

ただ、公的な文書には「庶民」はほとんど使われていません。公的な文書に多く出てくるのは、後に述べる「百姓」や「平民」「公民」などの言葉です。ですから、子細に調査する余地はまだ残されていますが、「庶民」は今も昔もあまり公《おおやけ》には用いられず、身近な感じがする言葉として人々が日常的に使ってきた、と考えることができると思います。

しかし、これまでに挙げてきたいずれの言葉も、日本の社会の歴史の中で、ある種の〝手垢〟がついており、使い方によっては言葉の本来の意味とは違う理解、解釈が入る可能性を持っていることが、今述べたことからおわかり頂けたかと思います。我々のような研究者も、学問上の用語として普通の一般人を指す場合に、何が最も適切であるのか昔から苦心してきましたが、そうした〝手垢〟にまみれていない言葉として「常民」の語を用いたのが柳田国男と渋沢敬三でした。

ご存じの方も多いと思いますが、渋沢敬三は明治の大実業家・渋沢栄一の孫にあたり、栄一の創立した第一銀行に入った後、戦争中は日銀総裁、敗戦後は大蔵大臣にまでなった実業家です。その傍ら水産史、民具学、民俗学、民族学などの研究の援助にも巨額の私財を投じ、アチックミューゼアム＝日本常民文化研究所を設立して優れた研究者を育てると共に、自らも水産史の研究の上で大きな業績を残されました。若い頃、生物学者を志しながら家庭の事情で止《や》むなく実業界に身を投じた経緯があり、その志をこうした学問の分野で生かされたと言ってよいと思います。

柳田学と渋沢学

私は一九九八年三月まで、神奈川大学の付属研究所となった「日本常民文化研究所」の所員でしたが、この研究所を創設したのが今のべたように渋沢敬三さんでした。柳田さんは、柳田国男の民俗学がやり残した分野に取り組もうと考えたのです。柳田さんがお年寄りからの民間伝承の聴き取りなどを資料として重視したのに対し、渋沢さんは民具というマテリアル・カルチャーに注目して、民具学を提唱されました。当初は、ご自分の家の屋根裏を研究所にして数多くの民具を並べ、「アチックミューゼアム」（屋根裏博物館）という一風変わった名前をつけていましたが、横文字の名前は具合が悪いという戦時中の風潮により、止むなく現在の名称に変更されました。

しかし、「常民」の語が研究所の名称になった頃には、この語はすでに柳田さんが著作の中で使っておられました。柳田さんはこの言葉を最初に使ったのは渋沢さんだと言っていますが、柳田さんと渋沢さんとでは、「常民」に込めた意味が明らかに違います。柳田さんは、歴史学が世の中の変化を追究する学問なのに対して、たとえ政治の変動などによって時代が変わろうとも、簡単には変化しない普通の人々の生活の問題を追究することを、民俗学の使命と考えておられました。そうした考え方に「常」の字が適合したのでしょう、その民俗学のキーワードとして「常民」の語を使われました。しかし、その中には職人や漁民、さらには定住せずに各地を遍歴する人々などは含まれていなかったと考えてよいと思います。このように、柳田さんの「常民」には、「農民」という意味が濃厚に込められていたと言えると思うのです。

　これに対して渋沢さんは、はっきりと「常民」は「コモンピープル」の訳であると言っておられます。まさしく「普通の人々」という意味であり、その中には職人や商人が含まれており、後ほどふれる被差別民も、渋沢さんははっきりとは言っておられませんが、含めておられたと思います。そのように、同じ民俗学の世界でも「常民」の語に込める意味合いには、学者の立場によって差異が生じていますが、この言葉が民俗学の用語として定着していることは間違いありません。

　ただ、実はこの言葉自体は元来、日本語ではないと私は思います。辞書や様々な文献で調べてみましたが、「常民」は日本語の語彙《ごい》には存在せず、元をたどると朝鮮半島において普通の人々を意味する言葉でした。朝鮮半島では、特権的官僚の階級である両班《ヤンバン》あるいは被差別民以外の普通の人々を「常民《サンミン》」と呼んでいます。朝鮮史の専門家に聞きますと、それは両班から見ると低い身分ですが、普通の人を指す言葉として用いられていたと言われています。

柳田さんも渋沢さんも、この朝鮮半島の言葉を積極的に使ったのではないかと思われます。その理由は先ほどふれたように、人民にせよ国民にせよあるいは庶民にせよ、後に述べる「平民」や「百姓」にせよ、既存の言葉は日本の社会の歴史の中でいわば〝手垢〟にまみれてきた感があり、それぞれにいろいろなとらえ方がされているために、学問上の用語として使うことに抵抗を感じたからであろうと推測できます。当時、朝鮮半島は日本の植民地になっていましたが、明治前半までの「日本人」の中でほとんど使われていない言葉で、最もよく普通の人を表現しうる語として柳田さん、渋沢さんが「常民」を選ばれたことは、ほぼ間違いないと私は思っています。

「日本常民文化研究所」は渋沢さんが亡《な》くなられた後、自前で維持していくことが次第に困難になり、神奈川大学に招致され付属研究所となりました。私もそこで仕事をしてきたわけですが、その頃に時々、大学の関係者や学生たちから「なぜ常民というのか」という質問を受けました。そこで改めて調べてみた結果、今お話ししたような結論に達しました。今後、さらに考えてみたいと思っています。

納税の義務を負う「平民」

こうして身分に関する用語を調査してみると、それらはみなあまり安定した言葉ではないことがわかってきます。その安定していないという点に、日本の社会の問題点を見出《みいだ》せるとさえ言えるほどです。例えば、現在はあまり使われなくなった言葉の一つに「平民」がありますが、この言葉も実に複雑な歴史的経緯をたどっています。

ご承知のように、明治二年（一八六九）に華族・士族・平民という身分が作られ、明治政府の作成した戸籍にはそうした身分呼称がつけられています。このように、明治以後はかつての被差別民もすべて平民になりましたが、通称語として「新平民」という言葉が使われました。これは社会の中に依然として差別が残っていたために使われた言葉なのですが、それも含めて華族・士族に対して「平民」は低い身分を表現する語として受け止められるようになってしまいました。

もちろん、逆に「平民」だからこそ誇りをもつべきであると考える人々も登場します。華族や士族といった特権階級ではない普通の人々の立場に立脚した社会を作ろうという「平民主義」の運動が起こったり、幸徳秋水や堺利彦らが「平民社」を結成して「平民新聞」を発行したりしました。しかし、どうしても士族より低い身分というマイナス面の評価の方が強く、結果的に現在では使われない言葉になってしまっています。

　現在、テレビで話す時に「百姓」という言葉を何も注釈を加えないで使おうとすると、テレビ局にチェックされます。そして、学問的な問題以外で使う場合には規制を受けて使えなくなってしまうのですが、「平民」も恐らく一種の差別語とされ、今のマスメディアでは使えないでしょう。しかし、それは言葉の本来の意味から考えると、非常に奇妙な話になっているのです。

　「平民」という言葉は歴史的に見ると、日本列島の社会において一貫して広く用いられてきました。『続日本紀《しょくにほんぎ》』の「天下平民」という表現がおそらく最古の用例で、これも「あめのしたのおおみたから」と読むものと思われます。その後も古代から中世にかけて非常に広範に用いられ、江戸時代に入ると「平人」に変わっていきます。その流れの中で明確に言えることは、「平民」とは普通の人であることを強調して言う場合に使われてきた言葉であるということです。

　つまり、奴隷《どれい》ともいえる不自由民の家人《けにん》や奴婢《ぬひ》、あるいは品部《しなべ》や雑戸《ざっこ》といわれた職能民と対比して、普通の人々を「平民」と称していたようです。不自由民の問題は後で取り上げたいと思いますが、さらにもう一つ加えるべきことは、古代の日本国の支配層が「異種族」「異民族」と考えた人々と対比させる時にも、「平民」の語を使っています。例えば、高麗《こうらい》人に対しての「平民」、「蝦夷《えみし》」に対する「平民」といった文脈で使われているのです。

そこで重要な点は、今挙げた家人や奴婢にせよ、品部や雑戸にせよ、また高麗人や蝦夷にせよ、当時の国家から一般の人々が課せられていた基本的な租税を負担していない、現代でいう納税の義務を負っていなかったということです。家人や奴婢は〝税金〟を払う資格を有せず、品部や雑戸は納税の義務を免除されていました。高麗人や蝦夷は日本国の課税の対象範囲から外れているので、当然払っていません。そういった人々に対して、国家の基本的な成員として標準的な課役を負っていた人々が「平民」でした。つまり、古代における「平民」の用例には、むしろ積極的価値を見出せる場合が多いと言えます。

それは中世になっても同様です。古代の奴婢にあたる下人や所従《しょじゅう》などの不自由民、神人《じにん》・寄人《よりうど》・供御人《くごにん》などの職能民とは異なる一般の人々が平民でした。中世になると、職能民の有力者は神人・寄人・供御人などの称号を与えられ、神仏・天皇の直属民として国家から課役を免除されている点において、平民より地位が高いという意識も強くなってきます。しかし、年貢《ねんぐ》・公事《くうじ》といわれた基本的な租税を負担している人が「平民」と表現されている点では、古代の用例と変わりありません。

中世の荘園では、百姓を支配し、田畠を基礎に徴税するための基本的な単位を「名《みょう》」と呼んでいましたが、年貢と公事の両方を負担している名が「平民名」、「百姓名」といわれています。この「平民百姓名」は、年貢は払うが公事は免除されている公文《くもん》、下司《げし》、田所《たどころ》などの荘官（荘園の管理者）の「荘官名」や「地頭名」と区別されていました。

その当時は、「平民」は「百姓」とほぼ同義だったと言えると思います。ただ、課役を負っている人間であることを強調する場合に「平民」が使われたのに対して、「百姓」にはそれほど積極的な意味合いはなかったようです。一九八〇年に刊行した拙著『日本中世の民衆像』（岩波新書）の中では、私はあえて「百姓」は使わず「平民」を使いました。「百姓」の語からは多くの日本人が農民を考えてしまうので、誤解を招くと思ったためです。「農」の意味が刷り込まれてしまっている「百姓」に代えて、どういう言葉を使えばよいか悩んだ挙げ句に落ち着いたのが「平民」でした。ですから、それを差別語などと言われると大変困るのですが、私はそのまま使い続けていくつもりです。

「土」が意味するもの

重要な問題である「百姓」についてお話しする前に、もう一つ挙げておかなくてはならない言葉が「土民」です。今や完全に差別語とされて、一般的には使われていませんが、「土民」も実は「平民」「百姓」とほとんど同義の言葉として、鎌倉幕府の法律などに用いられているのです。例えば「土民の習」という表現がありますが、これはその土地の普通の人々の習慣を意味しています。

また、中世史研究者の間では有名な、「土民の去留」については「民意に任すべし」という建長五年（一二五三）の「御成敗式目」の追加法があります。この文言をどう解釈するかでかつて大論争が起こり、今でも続いているのですが、私は言葉通りに受け止めていいと考えています。つまり、この時代の平民、百姓、土民には原則的に移動の自由が認められていたのだと思います。このような用例を見ても、「土民」にはなんら差別的意味はなかったことがおわかり頂けるかと思います。

江戸時代になると、「土民」に代わって「土人」という用例が多くなってきます。私が子供の頃、『冒険ダン吉』という漫画があり、その中の真っ黒な登場人物が「土人」であると頭に刷り込まれた記憶があります。ですから、「土」の字には「黒」の印象がいまだに残っているのですが、なぜ「土」という字を使ったのかは非常に難しい問題です。

今でもみやげを「土産」と書くことからもわかるように、「土」には「その国の」「その土地の」といった意味が込められています。ですから、その国の特産物が土産になるわけです。「土風」は「くにぶり」といわれており、この「土」も同様です。先ほどの「平民名」は「土名」と書かれることもありましたが、それもまったく同じ理由だと思われます。また、「廻船鋳物師《いもじ》」とは移動する鋳物師のことですが、それに対して「土鋳物師」という言葉があり、この「土」には、その土地に根拠を置いているという意味があると思われます。従って、本来は「土」には「黒い」という意味など全く含まれていませんでした。むしろ「土」という字には、元来は力強い積極的な意味が含まれていたのではないでしょうか。その意味も、中世・古代にまで遡《さかのぼ》ってさらに考え直してみる必要があると思います。

明治以後、北海道のアイヌのことを「旧土人」と呼んでいましたが、これも本来は決して侮蔑《ぶべつ》的表現ではありませんでした。本州から北海道に渡った人を指す「新土人」という言葉に対して、元からいる人をそう呼んだのです。もちろん、新旧と分けた点に、さきほどの「新平民」と同様、差別があったことは間違いありません。しかし、「土人」という言葉自体には差別的意味は全く含まれていなかったと考えるべきでしょう。

こう考えてきますと、現在、我々が日常使っている言葉にはある時期に特別な色が塗られて、本来の意味が損なわれたり、他の言葉との関係で、例えば「士族」に対する「平民」のように、本来の意味とは全く異なる語感を抱かせられるようになっているものがあることに気付きます。これからの日本の言葉を考える上でも、言葉の本来の意味をもっと大事にして正確に用いていく必要があると思うのです。

V　誤解された「百姓」

「ひゃくしょう」と「ひゃくせい」

最初に、私がかつて大学で講義を担当していた時に、毎年必ず、「日本」という国号が定められたのはいつかを学生に質問したところ、正しい回答はほとんど返ってこなかったという話をしました。しかし、その他にもう一つ、やはり必ず尋ねることにしていた質問があります。それは、「百姓」という言葉の意味を答えよという問いでした。

それに対して、学生たちはほぼ全員、まず例外なく「農民」と答えました。おそらく、それは現在の日本人の大多数に共通している認識と言えるでしょう。しかし、「百姓」の語には本来「農民」の意味はなく、古代から近世にかけての史料を綿密に読んでいくと、「百姓」の実態は決して「農民」だけではなくて、さまざまな生業に従事する人が沢山いたことが明瞭《めいりよう》になってきます。

前にも述べたように、この問題については近年、私は機会があるごとに繰り返し発言し続けてきました。ですから、すでにご承知の方もおられるとは思いますが、これは〝歴史のなかの言葉〟を考えていく上ではやはり非常に重要な問題なので、ここで改めて明確にしておきたいと思います。

私の講義を聴きに来た学生の中に一人、中国からの留学生がいました。その学生に、あなたの国では「百姓」はいかなる意味の言葉かと尋ねたところ、彼はしばらく考え込んだ後に「普通の人」と答えました。そして、日本人が「百姓」を農民としているのは理解しがたいと言っていました。実際、中国では現在でも「百姓」は官僚ではない庶民を意味する言葉として使われており、それは韓国でも同じと言ってよいようです。

前回、一般の普通の人を指すさまざまな言葉についてお話ししましたが、実は日本でも本来は「百姓」も「普通の人」を意味する言葉だったのです。古代からの用例をたどっていくと、そのことが明らかになってきます。

古代においては、「百姓」と書いて「おおみたから」あるいは「たみ」と訓がつけられていました。逆に言えば、その訓にあてはまる言葉として「百姓」が用いられていたのです。例えば、田令《でんりょう》という法律の中に「官人・百姓」という言葉が出てきます。また、「尾張国郡司・百姓等解文」という用例もあります。つまり、「官人」「郡司」

は官職・位階を持っている人ですが、それと併記して官職・位階を持っていない普通の人を指す言葉として「百姓」が用いられているのです。その他、「郡司・百姓・不善輩」という面白い用例もあります。「不善輩」とは、殺人や強盗を行ったり、博奕《ばくち》・双六《すごろく》に興じている人たちを指す言葉ですが、官職を持たないだけでなく、そういった「遊手浮食《ゆうしゅ》の徒」ともいわれたような人たちとは違う、普通の人々が「百姓」だったのです。

そもそも「百姓」の「百」には、「非常に多くの」「あらゆる」という意味があります。また、「姓」は姓氏、われわれの名字とは多少違いますが、血縁集団の名前ということになります。そして、姓には職能が結びついていることもあるのです。従って、字義通りにとらえれば「百姓」は「あらゆる姓を持つ人々」あるいは「あらゆる職業の人々」が本来の意味であり、一般の普通の人々を指す言葉なのです。そこには先ほども述べたように、「農民」の意味はまったく含まれていません。

私がこう言いますと、ある学者は、「百姓」の読みは本来は「ひゃくせい」で、普通の人という意味だったのが、中世に近づくと「ひゃくしょう」と読むようになり、農民を指すようになったと言って、「百姓《ひやくしよう》」はやはり農民だと強調し、私を批判されました。しかし、これは全くの俗説といってよいと思います。漢字の音には呉音と漢音があります。日本列島の社会で漢字が用いられるようになってから、七世紀末に日本国が成立するまでは呉音が広まっていました。日本国成立後は、公《おおやけ》の記録では漢音が使われるようになりますが、しかし、当時の明法家、法律家たちは呉音を使い続けたようです。

「百姓」は呉音で読むと「ひゃくしょう」、漢音では「はくせい」ですから、一つの言葉に対して同じ時期に二通りの読み方があったのであり、六国史《りっこくし》などでは漢音、律令では呉音で読まれたのではないかと思います。ですから、「ひゃくせい」が「ひゃくしょう」に変化したのではなく、ましてそれが意味の変化を呼び起こしたなどということはあり得ません。何となくもっともらしく聞こえるこうした説は、きちんと根拠を調べてその当否を明らかにしておく必要があります。

さまざまな生業の「百姓」

日本国の国制、令では、六歳以上の全人民に水田を与えることになっていましたから、文献には「百姓口分田《くぶんでん》」「百姓売買の墾田」など、田地と結びついた形での「百姓」の用例が非常に多く見られます。そのため、「百姓」は農民という誤解を招きやすかったことは事実です。今でも高校の教科書では「班田農民」、つまり田を分け与えられた農民という用語で「百姓」ないし「公民」と呼ばれた人々の実態を表現しようとしています。私も高校教育の現場にいた頃は「古代の班田農民」という言葉を使っていましたが、この表現はすべての「百姓」が農民であったような誤解を招く、誤った表現であると今は考えています。

実際、用例を綿密に見ていきますと、それがいかに誤っているかがわかってきます。先ほど述べた「尾張国郡司・百姓等解文」は、永延二年（九八八）十一月八日に、尾張国の郡司・百姓たちが尾張守藤原元命《もとなが》を糾弾するために書いた三一カ条にも及ぶ長い訴状です。そこには、元命の横暴が激しいために、「農夫」たちは耕作を放棄し、「蚕婦」たちは養蚕を放擲《ほうてき》して全く仕事をしていない状態であり、これはすべての百姓たちの嘆いているところであると書かれています。つまり、「農夫」と「蚕婦」は「百姓」の中に含まれており、それぞれ別の概念として使われているのです。これは「百姓」と「農夫」の二つの言葉をはっきりと区別して使っていたことを示す好例であり、あわせて百姓の女性が養蚕を行っていたことをよく物語っています。

また、『万葉集』の中には筑前《ちくぜん》国宗像《むなかた》郡の百姓、宗形部津麻呂《むなかたべのつまろ》という人が出てきます。この人は、対馬国に食糧を送る船の船頭に大宰府から任命されたのですが、年をとったので友人の白水郎《あま》荒雄に仕事を交替してもらいました。ところが、荒雄の船は暴風雨に遭って沈んでしまい、荒雄の家族の悲しみを思いやって、山上憶良が歌十首を詠《よ》みました。その詞書《ことばがき》に、「百姓宗形部津麻呂」と書いてありますが、この人の仕事は船の梶取《かじとり》であって、紛れもなく海民です。どのように考えても、農民と理解することはできないのです。

それから渡辺則文氏のご教示で気づきましたが、『日本後紀』の延暦《えんりやく》十八年（七九九）十一月十四日の記事に備前国の「児島郡百姓等、塩を焼て業となす。因て調庸に備ふ」とあり、この百姓が農民などではなく製塩民だったことは明らかです。

このように、「百姓」の成年男子が負担していた調庸、都へ貢《みつ》ぎ物として運んだ特産物の品目をつぶさに見ますと、百姓が農民だけではないことがさらに明確になってきます。面白いことに、米を調としていたのは、陸奥《むつ》と出羽の二国だけでした。それはおそらく、この二国では米が大切な特産物だったからだと思われますが、それ以外の地域では例えば鮑《あわび》、鰹《かつお》、鮭《さけ》、海草などの海産物が調として納められており、若狭《わかさ》国の「百姓」の調はすべて塩だったことが平城宮跡出土の木簡によって明らかになっています。その他に、鉄や鍬《くわ》、あるいは女性が織った布や絹なども調として送られていました。そういった特産物は、すべて「百姓」と呼ばれる人々が生産していたのですから、彼らを直ちに農民と考えることはできないのです。

『法然上人絵伝』(知恩院蔵) より、海村

しかし、古代の律令国家が、すべての「百姓」に対して本気で水田を与えようとしていたことは確かです。現在の三重県の南の志摩国は、島ばかりなのでそれが国名となった地域で、田地はほとんどなく、古くから海民の根拠地でした。その志摩の百姓にも、規定通りに水田が与えられていますが、志摩には水田がないので尾張国の水田を与えているのです。確かに、伊勢湾を中心に活発な海上交通が行われていたとはいえ、志摩の海民たちが日常的にわざわざ尾張まで水田を耕しに行くはずはありません。結局、その水田は人に貸して、義務だけは果たすという形になり、まもなく放棄されたものと思われます。

このように、国家は「百姓」には必ず水田を与えようとしましたが、「百姓」たちはその水田のみに頼って生活していたわけではないのです。いくら国家が水田を与えて農民にしようとしても、どうしても農民にはなり得ない人々が当時の日本列島にはたくさんいました。その上、この制度を実施するために必要な水田は、間違いなく不足していました。それ故《ゆえ》、国家は必死になって水田の開発を推進しようとしますが、結局、地域の有力者の開発に依存するほかなくなります。私は、この国家の班田の制度は、制度通りにはついに最後まで実現しなかったと思います。しかし今も歴史家の中には、日本列島の社会に律令国家ができた途端、全国が水田で埋め尽くされたように考えている人が少なくないと思われます。それは律令国家の支配者たちの意図に引きずられた見方であり、事実ではないと言わざるを得ません。

多様な人々を指す言葉

中世社会では、「百姓」イコール農民でないことがさらに明瞭です。平安時代末期、十二世紀頃には、海民を表現する場合、北陸の日本海側では「海人」という言葉が使われました。「あま」と読まれたのか、「かいじん」と読むのかわかりませんが、瀬戸内海・琵琶《びわ》湖《こ》の海民は「網人（あみうど）」、太平洋側の霞《かすみ》ケ浦《うら》・北浦や北西九州の海民は「海夫（かいふ）」と呼ばれました。これは、古代の「海部《かいふ》」の流れをくむ人々だと思われます。「海人等」にあてて下知を下したり、「網人等」が訴状を出しているような文書もいくつか見つかっています。ところが、こうした「海人」や「網人」が十三世紀に入って、「荘園公領制」という中世の土地制度が確立するとともに、すべて「百姓」に言い換えられていきます。地元ではそのまま「海人」が使われていた可能性もありますが、少なくとも公の文書においては「百姓」に変わりました。

しかし、言葉は言い換えられても、海辺の人々が依然として専《もっぱ》ら海を生活の舞台としていたのは変わりません。そうした人々を指す言葉として何が適当かをあれこれ考えた末に、私は宮本常一さんが使われた「海民」を使うことにしました。こうした人々は中世前期には漁業や製塩、海上交通にも従事していましたから、「漁民」「製塩民」「廻船人」という言葉で限定してしまうことはできません。海に生きた人々という意味で「海民」と表現するのが最も適切ではないかと思っています。こうした人々の人口全体の中で占める比率は決してそれほど小さくはないと思いますが、この「海民」たちも、すべて「百姓」の中に含まれてしまったことは史料からみて明らかです。ですから、百姓を農民と理解してしまうと、こうした海民は視野に入らず、すべて切り落とされてしまうことになります。

また、中世の「百姓」が負担した租税、年貢《ねんぐ》の品目について、現在でも米と書かれた教科書がありますが、これはまったく誤りです。実は、私自身も三十年ほど前までは高校の授業で、生徒たちに中世の百姓の年貢は米だと教えていました。しかし、よく調べてみると全国の荘園・公領の年貢の中で米年貢の占める割合はむしろ少なく、判明する限りですが、全体の三分の一強程度なのです。特に、尾張・美濃から東の地域では米年貢を負担しているところはごくわずか、例外的で、ほとんどの荘園は絹、布、糸などの繊維製品を年貢にしていました。さらに、東北では金や馬が年貢になっていますし、西国でも油や炭、瀬戸内海の島では塩、但馬《たじま》は紙、中国山地では鉄や木材、材木を精製した榑《くれ》などが年貢になっています。このように、古代の調と同様、中世の年貢の品目も実に多様だったのです。それは中世の「百姓」がいかにさまざまな生業に携わっていたかをよく物語っています。

そうした多様な生業を営む人々をそれぞれに表現する言葉は、今のところ歴史学の世界では全く定着していません。例えば、瀬戸内海で主として製塩に従事していた百姓を何と呼べばよいのでしょうか。「塩民」では落ちつきませんので、「製塩民」とでも言えば理解しやすいでしょう。しかし、用語としてはなかなか馴染《なじ》みにくいと思います。また、山仕事に携わり木材を年貢とし、林業に主として携わる人々も、「林民」では通用しないでしょうし、何か言葉を作らなければならないのですが、現状ではなかなか適切な表現が見つかりません。しかし、今後は多少馴染みにくくてもこうした新しい用語をどしどし使って、世の中でも学問の中でも通用、定着させる必要があると私は思います。

それでは、なぜ我々はこのように中世の社会においても百姓を農民と思い込み、年貢は米だと考えてしまったのでしょうか。その最大の理由は、年貢が古代の制度の影響で、基本的に水田、例外的に畠地《はたち》に賦課《ふか》されていたことにあります。塩で年貢を納めていた伊予国（愛媛県）弓削島《ゆげしま》荘では田畠の広さに応じて年貢の塩の量が決められ、田畠からとれる米・麦と塩とを交換する形で塩が納められていました。備中国（岡山県）新見荘《にいみのしょう》の百姓は鉄を年貢にしていましたが、水田一反ごとに五両の鉄が賦課されていたことが文書に残されています。これも米と鉄とを交易しているのです。このことは、『続・日本の歴史をよみなおす』（筑摩書房）という本に詳しく書きましたので、ここではあまり触れませんが、いずれにせよ、さまざまな品目の年貢が基本的に田地に賦課されていたために、我々は年貢は米であり、その年貢を負担する百姓は農民と思い込んでしまったのです。

しかし中世では、「百姓」に関連して「地百姓」や「脇《わき》百姓」「小百姓」「間人《もうと》」などの言葉が使われています。まず「地百姓」は字面《じづら》からみると土着的な人々を連想されると思いますが、実は都市民のことなのです。鎌倉でも京都でも、制度的に都市として扱われている場所の土地は、例外なく「地」と呼ばれていました。田地、畠地、山地のように上に何かの文字がつかない単なる「地」だったのです。そして、その「地」に住んでいる百姓が「地百姓」と呼ばれました。ですから、史料に即してみると、「地百姓」の中には酒屋、土倉《どそう》、刀作など、さまざまな職人や金融業者がいたことがわかります。「地百姓」は都市民なのです。

また、「本百姓」の屋敷は本在家といわれ、在家役（公事《くうじ》の一種）を負担していますが、これに対し、本在家に依存しつつ、それよりも多少少ない在家役を負担している脇在家の百姓を「脇百姓」といいます。年貢を請け負っていた田畠も本百姓に比べると少なかったと思います。「脇」は「本」の傍らにある存在で、「本」に従属する意味がありますから、「本百姓」を補助する役割を果たしていた百姓が「脇百姓」だと考えられます。

一方、「小百姓」は、脇在家が制度的な言葉であるのに対して、日常的に百姓を大小で表現した言葉で、小百姓は田畠はわずかしか持っていない百姓、あるいは名主《みょうしゅ》のような正式に責任ある立場に立っていない百姓を指すと思います。しかし、そうだからといって小百姓を貧しい人々などと思うと大きな間違いもします。例えば瀬戸内海の弓削島荘には鎌倉末期に牛を十頭、下人を五人、それに絹小袖《こそで》などの家財を沢山持っている清左近《せいさこん》という「小百姓」がいたことを物語る文書が残っています。この島では塩の生産・流通が活発で、百姓はみな交易を行っていましたから、田畠は少なかったのですが、このように豊かな百姓もいたのです。「小百姓」だから貧しいと考えること自体、農業を中心としてものを見る考え方に支配されていると言えるでしょう。

「間人」という言葉は、その意味がよくわかっていません。ただ、「間」の文字にはマイナスの評価が含まれていることは確かなようです。「間」は「すきま」という意味ですから、正規の存在の間の人ということになると思います。例えば、若狭国（福井県）太良荘《たらのしょう》に残されている室町時代の文書には、「昨日今日在付候《ありつきそうろう》やうなるまうと《（間人）》」とあり、昨日今日やって来て住み着いたばかりのものということになります。この点からみて、「間人」とは「百姓」のように田畠を請け負って年貢を負担したのではなく、移動性が高い人々であったとも考えられます。

一変した江戸時代像

近世に入ると、「百姓」の中で年貢賦課の基準となる石高《こくだか》を持たない人々を指す言葉として「水呑《みずのみ》」という語が出てきます。これは地域によって異なり、加賀・能登・越中では「頭振《あたまふり》」、長門・周防《すおう》では「門男《もうと》」「亡土《もうと》」、越前では「雑家《ぞうけ》」、隠岐《おき》では「間《ま》脇《わき》」、伊豆では「無田」などさまざまな名称で呼ばれていますが、これらはすべて「水呑」と同じ無高の百姓です。「間」、「脇」、「雑」などの言葉に、「本」「正」などに対してマイナス評価の入っていることは間違いありませんが、「頭振」「水呑」の意味はよくわかっていません。ごく最近、一部の教科書では訂正されましたが、多くの教科書は「水呑」は貧しい農民、小作人であり、本百姓が標準的な農民と説明しています。

しかし、その説明ではどうしても理解できない事実が、文書を読んでいますと、たくさん浮かび上がってくるのです。例えば、江戸時代のある村に六百軒以上の家があり、そのうち七十一パーセントが水呑で、二十九パーセントが百姓であるという記録があります。しかも、その百姓は平均して三、四石の石高しか持っていません。つまり、三、四反の土地しか持っていなかったことになります。江戸時代には、農民として成り立つのは五反百姓以上であり、それ以下は潰《つぶ》れ百姓になったと言われています。ですから、潰れ百姓になるのがわかっているのに、田畠を分けて五反百姓以下にしてしまうのは、「田分け」といって馬鹿者《ばかもの》の表現になると言われているのです。そう考えると、この村は潰れる寸前の百姓が二十九パーセントで、残りは田畠を持たない水呑から成り立っているのですから、これまでの常識ですと途轍《とてつ》もなく貧しい村と考えざるを得なくなります。

ところが、実はこれは奥能登で最大の人口を抱える都市、輪島の人口構成なのです。現在は輪島塗で知られる町ですが、江戸時代には素麵《そうめん》でも有名でした。私は十五年ほど前から十年間、奥能登の調査をしたことがありますが、「頭振」と呼ばれる輪島の水呑についての泉雅博氏の調査によりますと、その中には漆器職人、素麵職人、それらを売る商人、船持・船問屋などが数多くいたことがわかりました。つまり、「頭振

(水呑)」が土地を持っていなかったことは事実ですが、それは貧しくて持てなかったのではなく、その過半数は土地を持つ必要のない人々、商人、職人、船持だったのです。我々が「水呑」の常識から連想する日雇のような立場の人々は、その中のわずかな人々に過ぎませんでした。

また、奥能登には時国《ときくに》家と呼ばれる非常に古い家が二軒あります。この両家はこれまでは「豪農」といわれ、「下人」という奴隷《どれい》・農奴のような人々を駆使して大規模な農業経営を行っていたと考えられてきました。ところが、両家に残されていた膨大な量の古文書を調査した結果、それは全くの誤りであることがわかったのです。確かに土地をたくさん持っていたことは事実ですが、その他に大きな船も二、三艘《そう》所有しており、江戸時代の初めから松前まで行く廻船交易に従事していました。また、塩浜を持っていて大量の塩を生産しており、炭焼き、鉛や銅の鉱山の経営、さらには金融業まで行っていたことが明らかになったのです。

つまり、大変に大きい「百姓」であったことは間違いありませんが、決して大きな「農民」ではなかったのです。このような形態の家は江戸時代を通じて海辺の地域では珍しくありませんでした。しかし、それではそういう家を何と呼ぶかというと、適切な言葉がありません。今のところ「多角的な企業家」などと言って誤魔化していますが、「豪農」「富農」「地主」などの既存の用語では到底、表現できない実態を持った人々が確かに数多くいたと思われます。

　これまで、江戸時代は農業を中心とした社会であり、大名は農民から厳しく年貢を収奪していたと考えられてきました。確かに「百姓」を農民と考えれば、人口の八十パーセントが農民になりますから、そのような解釈が生まれるのは当然です。しかし、私は全国的にさまざまな事例を調べているうちに、実際には田畠で穀物を生産する厳密な意味での農業人口は全体の半分以下で、江戸時代は高度な商業と産業、流通・金融組織を発展させた経済社会だったのではないかと考えるようになりました。そうすると、これまでの江戸時代像は一変せざるを得ませんし、それはまた近代以後の日本社会に対する見方を大きく変えることにもなります。「百姓」の一語に対する理解は、歴史にそれほど大きな影響を及ぼしてくるのです。そして、「百姓」は「農民」と同義ではなかったという観点から見ていくと、これまで述べてきたように既存の言葉では到底、表現しきれない人々が大勢いたことがわかってきます。われわれの持っている語彙《ごい》、用語は、まだまだ大変貧弱なのです。それをどのように豊かなものにしていくかは、今後さらに考えていかなくてはならない問題だと思います。

誤解は江戸時代から

それでは、農業に携わる人々は、実際には何と呼ばれてきたのでしょうか。現在、我々が普通に使っている「農民」も昔からあった言葉ですが、古い史料・文献にはその用例は意外に少なく、むしろ「農人《のうにん》」という言葉がよく用いられています。「農人」の古い用例として『日本後紀』の弘仁二年（八一一）五月二十一日条に「農人」が魚酒を食べるのを禁制してから久しいとある記事をあげることができますが、その後、天長元年（八二四）五月五日の官符にも使われています。

中世に入ると、十四世紀末頃に書かれた『庭訓往来《ていきんおうらい》』の三月状往に「開作すべきの地あらば、農人を招き居《す》えてこれを開発せしむ」と記され、十五世紀後半に作られた『三十二番職人歌合』の中には、三十二種類の「職人」の一種として「農人」が「庭掃《にわはき》」と番《つが》いになって登場します。

さらに江戸時代にも、毛利氏が編纂《へんさん》させた『防長風土注進案』という地誌の中で、百姓を「農人」「商人」「鍛冶《かじ》」などに分類して、それぞれの軒数を記録しており、これによって百姓が江戸時代の身分呼称であって、農民と同じでないことがよくわかります。それはともあれ、古代から近世に至るまで、農業に携わる人々を指す語として

『三十二番職人歌合』（サントリー美術館蔵）より
「農人」（右）と庭掃（左）

一貫して多く用いられた言葉は、この「農人」でした。

そして江戸時代になると、「農人」の「農間稼」あるいは「作間稼」という言葉も同時に使われるようになります。この「稼《かせぎ》」の中には果樹栽培や薪炭《しんたん》の生産、女性による養蚕や織物、さらには江戸時代に盛んになった棉作《わたさく》や菜種、煙草《たばこ》の栽培などが含まれていました。海村における漁業や製塩も、やはり「農間稼」と呼ばれています。

これは農業の間の副業という意味ですが、本業の「農」よりも副業の「稼」の方が収入が多く、「稼」こそが主な生業で、農業が副業であった人々が、数多くいたことは様々な史料から明らかになっています。甲斐《かい》では養蚕が主で農業は従というケースは非常に多く見うけられますし、海村においては農業と廻船・製塩・漁撈《ぎょろう》とを比べた場合、後者が本職で農業はごくわずかという人の方がはるかに多かったのです。それにもかかわらず、農業以外の生業は「農間」の稼、すなわち農業の副業・兼業と捉《とら》える見方が、江戸時代から制度的にも現れてきたのです。現在、ごく僅《わず》かな農地を持ち、実際は会社勤めをして暇な時に農業を行う人を「第二種兼業農家」と言っていますが、この言葉は「農間稼」に通ずるものがあると思われます。

そして、「百姓」を「農民」と同義とする考え方が日本人の中に浸透し始めたのも、江戸時代でした。例えば、加地伸行氏のご教示によって知りましたが、江戸中期の儒

農人《のうにん》

農夫 晙 音俊

䢉 農本字

俗云百姓 百姓乃四民之通稱也惟以農爲百姓非也

漢志云闢土殖穀曰農炎帝之時天雨粟始教民植五穀故號神農天子以建辰月祭靈星以求農耕靈星天田星在於辰位故農字从辰管子云首戴茅蒲身服襏襫沾體塗足謂之農

通鑑綱目云后稷初名棄字度辰爲成人遂好耕農故名后稷易大傳云神農斲木爲耜揉木爲耒以教天下則耕稼之利其來久矣而百穀之備自后稷始也

△按日本紀云保食神死矣生於身五穀種天照太神喜之定天邑君卽以其稻種始殖于天狹田及長田大巳貴尊爲百穀耕農神和州三輪大明神是也

『和漢三才図会』より

者・伊藤東涯はその著書の中で「農ハ百姓ノコト也」と記し、「農夫」に「ヒヤクセウ」という訓をつけています。

また、十八世紀前半に大坂の医者・寺島良安が三十年以上かけて編纂した『和漢三才図会《ずえ》』という全百五巻の図入りの百科事典にも、「農人」は「俗云百姓（俗に百姓といふ）」と書かれています。著者の良安は「百姓」は四民の通称であり、農民の呼称とするのは誤りであると注釈をつけていますが、これらの学者の発言からみて、百姓イコール農民という思い込みが江戸時代にはかなり広がっていたことがわかります。

「農」の陰に隠れたもの

そうした見方は明治時代以後、さらに深く社会に浸透していきました。そのことをはっきり確認できるのは、明治政府が作成した最初の統一した様式による全国的戸籍、明治五年（一八七二）の壬申《じんしん》戸籍の記載です。

愛媛県松山市の近くに、二神島《ふたがみじま》という瀬戸内海に浮かぶ小さな島があります。この島には江戸時代の終わり頃に百三十戸ほどの家があり、江戸中期の人口は四百五十人程度でした。典型的な海村で、浜辺に家が密集しており、田畠はほとんどないと言ってもいいくらいわずかな面積しかありませんでした。そのごくわずかな田畠を百三十戸の人たちが少しずつ分けて耕作していたのですから、実際の生活が海や山での生業の産物とその売買、船による交易、商業などによって成り立っていたことは間違いありません。

私は近年、かつてこの島に城館を持つ「海の領主」だった二神家の文書を調査する機会に恵まれたのですが、最近になって同じ島の魚商売を手広く営んでいた村上宗一郎家から壬申戸籍の草稿本が見つかりました。清書して県に提出する前の下書きですが、それを見たところ、驚いたことに、商業を営んでいたこの村上家をはじめ、島の百三十戸の家のほぼすべて（一軒は寺院、一軒は恐らく書き落とし）に、「農」という注記が付されていました。つまり、この島の人々は百パーセント「農民」ということになっているのです。

これが県庁、政府に提出されたのですが、この戸籍からは二神島の人々の生活を支えた最も主要な生業である、漁業・舟運や商業、山での生業などは全部、切り捨てられていることになります。私も仮に研究室でこの草稿本を見たとしたら、二神島は農業が盛んな島だったと思い込んでしまったに相違ありません。しかし、私は実際には田畠がごくわずかしかないことを現地で見て知っていましたから、それが実態を大きく歪曲《わいきょく》していることに直ちに気がつくことができたのです。

これは、明治政府が壬申戸籍をつくるときに、職業は基本的に「農工商」とし、「百姓」「水呑」はすべて「農」として公的な帳簿に記載させたからにほかなりません。そして、これは全国各地で行われました。山梨県では、明治七年にこの戸籍に基づく郡別の職業別人口統計ができていますが、最も田畠の少ない都留《つる》郡は九十五パーセント、最も田畠のひらけている山梨郡は七十七パーセントが「農」となっています。都留郡の富士参詣《さんけい》に関わる御師《おし》や、甲斐絹で有名な養蚕、製糸業、織物業はすべて「農」の陰に隠れていることは間違いないと思います。

さらに全国の職業別人口統計では「農」七十八パーセント、「商」七パーセント、「工」四パーセントで、江戸時代末の日本は商工業の全く未発達な農業社会ということになっています。この数字が非常に大きな歪《ゆが》みを持っていることは明白で、商工業の比重ははるかに高かったに相違ありません。

なぜそのような歪曲が行われたかは大きな問題ですが、明治政府自身が百姓・水呑を農民と思い込んでおり、農業を発展させることを最大の眼目にすると共に、江戸時代を商工業の著しく未発達な社会と見て、欧米にならって商工業を発展させようとしたことが、背景にあると考えられます。それはさらに、強力な軍隊を作り上げて「富国強兵」を推進するという目的につながるのであり、要するに農業を中心とする「農本主義」の思想を根底に持ちながら、欧米にならって産業を発展させようとしたのだと思います。

こうした政府の姿勢によって、日本列島の人々が古くから携わってきた海や山に依拠した様々な生業が切り落とされ、我々自身の視野から消え去っていくことになりました。そして、国家的な学校教育を通じて、「百姓」とは農民であり、江戸時代までの日本の社会は遅れた封建的な農業社会であると教えこまれるようになりました。その認識は戦後も基本的に変わることなく、牢固《ろうこ》とした常識として日本人の中に浸透していったのです。

農本主義と重商主義

七世紀末に誕生した「日本国」の制度は「農本主義」を基調にしていました。前にも述べたように、「日本国」は水田を課税の基礎にして六歳以上の全人民に水田を与える制度を定め、「農は天下の本」「生民の本、ただ農を務むるにあり」などと言って、常に「農」の大切さを強調していました。まさしく「農本主義」の思想が政治制度を支える柱になっていたのです。

最初の本格的な国家がこのような制度を定めたことは、その後の日本の社会に大きな影響を及ぼしました。この制度自体はそのまま維持できず、次第に変化していきますが、十三世紀前半までに確立した新しい土地制度、荘園公領制においても、年貢《ねんぐ》などの租税は基本的に水田を基準にして賦課《ふか》されました。また同じ頃、初めて東国に誕生した「国家」、「東の王権」である鎌倉幕府の政治の中にも、田畠の開発に積極的で「農本主義」的な色彩の強い路線があったことは間違いありません。

しかし、商工業・貨幣流通が発展した十三世紀後半以降になると、「農本主義」と「重商主義」の対立が見られるようになります。その頃には、商業・金融が発達して本格的に社会を動かすようになっており、商人や金融業者に税を賦課し、荘園公領の年貢も銭で徴収するようになり始めます。それは「重商主義」的な考え方に基づく制度と言うことができますが、一方でなお田畠を基盤とする「農本主義」的な政治路線も強い力を持っていますので、両者が激しく対立することになります。

鎌倉幕府の中では北条氏・得宗がいち早く「重商主義」的な路線を推進しました。それが滅びた後を受けて「重商主義」的な政治を推し進めたのが天皇家の大覚寺統・後醍醐《ごだいご》天皇でした。後醍醐は、日吉《ひえ》社、春日《かすが》社、石清水八幡《いわしみずはちまん》などの神人《じにん》であった京都の商人たちを、すべて供御人《くごにん》として自分の直属にし、京都の酒屋に税を賦課しました。また、地頭の所領からの収入を銭で換算し、その二十分の一の税金を銭で取り立て、それを「御倉《みくら》」と呼ばれた京都の金融、土倉業者に渡し、財政を任せています。さらに、実現はしませんでしたが、貨幣の鋳造《ちゅうぞう》、紙幣の発行を企て、貨幣流通を自分の統制下に置こうとしたのです。明らかにこれは、商工業・金融業に重点を置いた非農本主義的・「重商主義」的な政治を行おうとしたと言ってよいと思います。それに対して、持明院統の花園天皇は儒教思想に基づく「農本主義」的な政治姿勢を持っていたと言ってよいと思います。

次の南北朝動乱期の室町幕府の中では、少し大胆に言うと、足利尊氏と高師直《こうのもろなお》が「重商主義」、足利直義が「農本主義」の政治路線だったと言うことができると思います。そして、この両者の対立を背景に十四世紀前半から約六十年間にわたって大動乱が起こるのですが、その動乱が沈静化した時、足利義満は基本的に「重商主義」の方向で政治を軌道に乗せます。義満は後醍醐天皇が行おうとして失敗したことをほぼ実現させ、酒屋・土倉に対する課税、地頭の所領を貫高《かんだか》で評価した課税、勘合貿易の形の外国貿易の推進を通じて、政権を強化したのです。

こうして、その後の十五〜十六世紀の約二百年間は「農本主義」が後退し、政治の表面に「重商主義」が現れてきます。日本国の歴史の中で、「重商主義」が政治の基調となった時期は例外的ですが、この期間はそのように言ってよいと思います。また社会の中でも、農業を苦しい生業として商工業を高く評価したり、先ほどの『三十二番職人歌合』のように、賤視《せんし》されはじめた「庭掃」と「農人」とを番《つが》わせるような風潮が現れてきたのです。

しかし、十六世紀末に信長と秀吉の政権が誕生すると、権力による商工業・貿易の統制が強化され、再び「農本主義」の伝統が蘇《よみがえ》ってきます。小国家が分立していた「日本国」を再統一するため、土地を基礎にした課税方式を採用した秀吉は「太閤《たいこう》検地」を行い、田畠・屋敷を米の石高によって評価し、それを基準に年貢を徴収する制度を作り上げようとしました。また、刀狩によって百姓たちの武装を禁止し、農耕に専念させようとした点にも「農本主義」の姿勢が明確に現れています。もちろん、実際には江戸時代を通じて、百姓は刀剣や武器を持ちつづけ、百姓の中には商工業・運輸業などに従事する人がたくさんいたのですが。

その後の江戸時代にもこの制度は引き継がれ、石高制による税制が確立して日本全国を覆《おお》いました。村の田畠や屋敷、時には海や山までを米の量に換算し、それに「免」という税率をかけて年貢を徴収するシステムです。そして、この制度を維持するために、国家は石高を所持して年貢を負担する百姓に対して、あくまでも健全な農民であることを求めたのです。

古代の律令《りつりょう》国家以来の「農本主義」は、江戸幕府によって形式的には最も徹底的に日本の社会に貫徹させられていきました。その結果、先ほど述べたような「農間稼」という言葉が生まれ、「百姓」は農民であるという、実態とはかけ離れた間違った認識が人々の間に広がり、ついには専門的な研究者までもが、完全にその中に巻き込まれてしまったのです。

貧困な歴史学の用語

このように、「百姓」に対する誤解の背後には千三百年に及ぶ歴史が存在しています。ですから、その誤解を解くのは容易なことではないと私は思っています。しかも、問題なのは今述べたように、われわれ歴史の研究者もこれまでその誤った「常識」の中に浸り続けてきてしまったことです。もちろん、私も例外ではありませんでした。

その大きな理由の一つは、研究の対象としてきた史料の性質にあります。つまり、われわれが主な史料として扱ってきた古文書のほとんどは、「農本主義」的な国家制度に即して作成されたものといえます。従って、田畠の土地台帳、田畠の売買・譲与に関する文書、年貢課役の徴収に関する文書など、田畠に関する文書が著しく多く残っているのは、極めて当然のことだったのです。かつて、佐藤進一先生は、中世の荘園に関する文書は寺社の荘園支配に関する文書であり、そうした文書からは人々の生活の実態はうかがい難く、荘園そのものも正確には知りえないという趣旨のことを、一九五八年に書かれた論文「歴史認識の方法についての覚え書」（九頁参照）で述べておられますが、まさしくその通りだと思います。

例えば、農業以外の生業に主として従事していた百姓であっても、年貢を免除してもらいたい場合には、領主に対して「今年は水害で稲が不作なので」という表現を使って訴えています。年貢は田畠に賦課されていますから、それは当然のことですが、そのような文書を十分に考えないで読んでいると、おのずと百姓はみな農民に見えてしまうのです。

そして、農業以外の海や山の生業、商工業・金融などの関係の文書は、廃棄されてしまうことが多かったと思われます。しかし、土中から木簡として文字資料が発掘されることもあり、また破棄されるはずの文書の裏に日記などが書かれたために残った「紙背文書」、廃棄された文書が襖《ふすま》や屏風《びょうぶ》の下張りとして使われたために残った「襖下張り文書」などのように、全く偶然に残された文書も多く、その研究が最近、特に注目を集めています。

そして、それらの文書を丹念に読んでいくと、海民や山民など非農業的な生業に携わっていた人々、商工業や金融に従事していた人々の実態や生活の豊かさが、鮮明に見えてくるのです。そういった文書の調査をはじめ、伝来した文書の徹底した研究を怠り、誤った〝常識〟に従って、日本の社会像を極めて歪んだものにしてしまったのは、明らかに歴史研究者の怠慢と言わざるを得ません。もとより私もその責を負っています。

歴史学自体、「農本主義」、農業中心主義に染まっていたことも間違いありません。もともと「農本主義」は中国大陸北部で生み出され、大陸の国家や社会の支柱となった儒教思想と不可分の関係にあります。ですから、江戸時代の儒学者たちの多くはその立場に立っていましたし、国学者も日本は「瑞穂《みずほ》国」であったことを強調していましたから、「農本主義」に近かったことは否定できません。

さらに、明治以後に入ってきた西欧の歴史学も、農業を軸とした経済史がその主流でした。ヨーロッパ大陸では農業が中心だったことは事実でしょうが（ただ、それも考え直す必要があるのかも知れません）、大陸のあり方をそのまま複雑な地形を持つ日本列島に当てはめたために、大きな間違いが生じてしまったのです。

翻訳されたヨーロッパの歴史学の本にも農業史関係のものが圧倒的に多く、漁業史の本は少なくとも私は見たことがありません。渋沢敬三さんが「ヨーロッパには水産史というものがあまりなく、農史が主で」あり、「横文字にない方面は、日本ではあまり発達しなかったということは、明治時代から大正にかけてあったと思う」と述べておられますが、それは全く正しい指摘です。そして、その指摘は戦後の一時期、歴史学の主流となったマルクス主義史学に関しても、あてはまると思います。

ですから、翻訳された経済史の用語には、「農」の文字が非常に多く含まれています。例えばドイツ語の「ライプアイゲネ（Leibeigene）」は「農奴《のうど》」「奴隷《どれい》」と訳されていますが、本来は「農」の意味は含まれていません。「ヘーリゲ（Hörige）」という語も「隷農」または「農奴」と訳されていますが、正確には「隷属民」です。また、「ヴィラージュ（Village）」というフランス語も、本来は「村」という意味ですが「農村」と訳される場合も多かったと思います。そういった言葉に翻訳された西欧の文献を読んでいくと、ヨーロッパの村や人々がすべて農業に関わっていたかのような錯覚に陥ってしまいます。

例えば、「百姓」は農民というとらえ方が十六世紀からされていたことを証明する根拠にされてきたのは『日葡辞書』です。確かに、『邦訳　日葡辞書』（岩波書店）を引きますと、百姓は「農夫」となっているのです。私も最近までこれに従っていたのですが、ある時フッと気がついて、本来のポルトガル語の辞書ではどうなのかを調べようと思いました。しかし、邦訳が出たためにどこかにしまいこんで見つからないので、笠松宏至さんにお願いして引いてもらったところ、百姓については「Lavrador」とあったのですが、「農人」については「Lavrador, que lavra, ou cultiva os campos」とあり、「農人」には耕地を耕すという意味がつけ加えられていました。ポルトガル語を翻訳する時には今も「Lavrador」を「農民」と訳すのが当然ということを聞いていますが、本来、古く遡《さかのぼ》るとこの語には労働の意味はあっても、農業の意味はないのではないでしょうか。素人《しろうと》なので、専門家の教えを請《こ》いたいと思っています。

その他、経済史の用語には「豪農」「富農」「中農」「小農」など「農」のつく用語が圧倒的に多く、支配者に関しても「封建領主」「私営田領主」「在地領主」など、すべて農業に関連した捉《とら》え方で用語が作られてきました。

前にも述べましたが、海民、山民さらに商工民などの非農業民の歴史を語るためには、歴史学の用語は極めて貧困であると言わざるをえないのです。やむなく私は「非農業民」という言葉を使ってみましたが、多くの方々から批判を受けたように、この用語は消極的な意味しか表現していません。しかし、これに代わる言葉で、農業以外の生業に主として従事する人々を表現する言葉はなかなかないのです。「海民」や

「海の領主」はどうやら世の中に通用するようになりました。また、林業に従事する人々は「林業民」とでも言うのでしょうが、それに関わる支配者と従属民を表現する言葉は、「海奴」とか「富漁」では通用しませんので、「奴隷的海民」や「富裕漁民」のような用語を新しく創《つく》り出さなくてはなりません。

今後の歴史学の大きな課題は、これまで切り落としてきてしまった農業以外の分野に目を向け、それに関わる学術用語を大胆に創り出し、これまで全く薄かった分野の研究を推進し、豊かにしていくことだと私は考えています。その空白を埋めないかぎり、逆に本当の意味での日本列島の社会における農業の重要性、水田の大切さも、わからないのではないでしょうか。

Ⅵ　不自由民と職能民

古代・中世の不自由民

これまでは身分用語の中で一般の普通の人々を指す言葉について述べてきましたが、今回からはそれ以外の身分を表現する言葉の問題を取り上げたいと思います。最初に、特定の主に所有されてその保護の下に置かれた、ふつう学問的には「不自由民」と規定される人々の呼称についてふれてみたいと思います。

古代の律令《りつりよう》制度では人民は「良」と「賤《せん》」に大きく分けられており、賤については「五色《ごしき》の賤」と呼ばれる五種類の賤民がいました。その中で、「官戸《かんこ》」「公奴婢《くぬひ》」「家《け》人《にん》」「私奴婢」の四種類の人々はすべて「奴隷《どれい》」といってもよいと思います。官戸と公奴婢は官司、国家に属し、家人と私奴婢は私人に属する「奴隷」でした。

ただ、この場合の「奴隷」は、江戸時代にも用例はありますが、基本的に学問的用語であり、売買・質入あるいは譲与により人間そのものが特定の人に所有され、保護の下にあるという意味での「奴隷」です。決してそれ自体、アメリカの黒人奴隷のように、すべてが苛酷《かこく》な労働に駆使されているというわけではありません。それゆえ、実態としては奴婢の中にもさまざまな人がいたと思います。中でも家人と官戸は、身分としては「奴隷」であっても、家族を作ることを認められていました。

また、「五色の賤」の中で「陵戸《りょうこ》」だけは「奴隷」とはいえません。陵戸は天皇の墓、陵の墓守ですが、なぜ賤民に入れられたかについては、現在でも学者の間で議論が分かれています。かつては、墓というケガレた場所を守る人々なので陵戸は賤民であり、そこに被差別身分の出発点があると考えた人もいました。確かに、被差別部落の中には陵戸の流れを汲《く》むという伝承をもつ集団もあるのですが、古代の人々にとって墓は決してケガレた場所ではなく、むしろ一種の聖地であったと考えるべきだと思います。藤原鎌足の廟《びょう》は多武峰《とうのみね》という所にありましたが、中世になってからの多武峰の墓守は名字と官位を持ち、侍身分に相当する存在で、交易にも従事していました。ましてや天皇の陵となれば、聖地としてむしろケガレの及ぶのを厳重に守らなければならなかったはずで、ケガレているから忌避される場所であったとは到底考えられません。それゆえ、これを被差別身分の一つの源流とみることはできないと思います。

もう一つの考えとして、私は、このころの神に仕える「奴婢」であった「神賤」と陵戸とを結びつけて考えることができるのではないかと思っています。古代の史料の中に出てくる神賤は唯一《ゆいいつ》、鹿島神宮の神賤だけですが、「神の奴隷」である神賤と天皇の墓守の陵戸は、いずれも聖なるものに直属しているという点で共通しています。従って律令国家は両者を「賤」として、他の四種の「賤」と一緒に括《くく》って平民と差別し、制度の中に位置づけたのではないかと解釈することができます。ですから、陵戸は神賤と同様、聖なるものの直属民としてむしろ特権を持つ人々であり、これを俗人の不自由民の中に入れることは適切ではないと思います。

中世になると、不自由民は「下人」「所従《しょじゅう》」と呼ばれました。日本の場合、古代でも中世でも奴隷の多くは債務奴隷でした。つまり、何らかの事情で負債を返済できず、止《や》むを得ず自分の身を売り、あるいは質入して奴隷の身分に身を落としたケースが非常に多いのです。この場合の負債は、銭だけではなく物であることも多かったと思います。それ以外の奴隷は犯罪奴隷で、何かの罪を犯すとその償いのために相応の物を支払わなければならなかったのですが、それだけの物を持っていなかった場合には、やはり自分の身を奴隷に落とさなければなりませんでした。

その点、ギリシャ・ローマの奴隷とはやや異なっています。ギリシャ・ローマの場合には戦争で捕虜になった者が奴隷になる戦争奴隷が圧倒的に多かったようです。日本の社会でも、戦争奴隷は戦国時代にはあったようですが、古代から室町時代までは債務奴隷、犯罪奴隷が大部分で、戦争奴隷はわずかしかいなかったと思います。

また、中世の下人・所従は必ずしも農業だけに従事させられていたわけではありませんでした。一例を挙げれば、西北九州の松浦《まつら》地方に松浦党という「海の領主」たちがいたのですが、彼らが抱える下人は「海夫《かいふ》」と呼ばれていました。海夫たちは一類・党をなして船で広い範囲の海域を移動しながら、鮑《あわび》を採り網を引いて生活していました。また、松浦党の領主たちは中国大陸・朝鮮半島の人々を相手に貿易を行うと共に、十四世紀から十六世紀にかけて「倭寇《わこう》」という武装集団としても活動しましたが、その手足となって動いたのが海夫だったのです。我々は奴隷というとすぐに農業奴隷を考えがちですが、そうではないケースが大いにありうることを見落としてはならないと思います。

「奉公人」の出現

近世になると、「下人」の他に「家風」「家抱《けほう》」「家来」「名子」など《など》の呼称が使われるようになってきます。それらはいずれも中世前期にも遡《さかのぼ》りうる言葉であり、隷属の度合いは様々でした。「家来」の場合、「家礼」とも言われて、中世では主人を選び、複数の主人を持ちうる契約的な主従関係を結ぶことのできた人を指す語である場合もありました。しかし、近世になると「家来」の多くは下人に準ずる不自由民と考えてもよいと思います。従って、彼らが解放されて百姓になる時には、主人が「もう仕えなくてもよろしい」という内容を、証文として残す形で手続きが行われていたこともわかっています。

近世の不自由民も、やはり農業に従事するだけではなかった場合が多いのです。十年以上前から最近まで、奥能登の時国家という二軒の大きな家に残された文書を調査したことがありますが、その家では江戸時代の初期に二百人から三百人という非常に多くの下人を使っていたことがわかりました。しかし時国家自体が農業のみならず製塩業、廻船交易、金融業、鉱山経営など多角的な事業を行っていた家であり、自《おの》ずとその下人たちも船の水主《かこ》、大工、鍛冶屋《かじや》、桶《おけ》職人、塩師など、実に多様な仕事に携わっていたことが調査の結果、判明しました。しかも、石見《いわみ》国出身の下人が佐渡にいる兄弟に会いに行きたいと願い出て、時国家から許可されたりしているようで、必ずしも時国家に縛りつけられてはいなかったのです。

このことは私の友人の関口博巨《ひろお》氏が明らかにしたことですが、関口氏はまた、山梨県の山中という所にある佐野家の「家抱」の研究をしています。それによると、佐野家は田畠をほとんど持っておらず、林業が主たる生業でした。従って、その家で使われていた家抱も山での杣《そま》の仕事や炭焼きに従事したことを関口氏は明らかにしており、佐野家は景気が悪くなると家抱を「解放」、つまり解雇して百姓にしようとしているのに対し、家抱たちがそれに反対していることを指摘しています。

さらに、江戸時代には「奉公人」という不自由民が多く見られます。武家の家臣も「奉公人」と呼ばれていますが、この場合は、例えば、借金の返済ができない時に娘を奉公に出してその返済に充《あ》てた場合の「奉公人」です。その場合、中世では多くは売買や質入の形で、娘を相手に売り渡したかたちになっていました。それが江戸時代になると、一定の期限を決めて、例えば十年で奉公が年季明けになるという、いわゆる「年季奉公」が現れてきます。

そのように江戸時代の不自由民の状況を見ていくと、近代以後の賃金労働者の系譜は今後、下人の労働の流れからも考えていく必要が出てくるのではないかと思われます。下人はこれまで考えられてきたように、苛酷な労働を強制される「奴隷」ではなく、形の上では人身売買の証文によって「奉公人」となったように見えながら、実は契約によって雇傭《こよう》され労働していた人々と考えうる事例が、少なからずあるように思われます。その点に関しては、今後の研究に俟《ま》ちたいと思います。

博奕《ばくち》の道、好色の道

次に取り上げるのは「職能民」、特殊な技術・職能を身につけていた人々の問題です。これまで、職能民は日本の社会の中では少数の特別な集団だったという認識が定着していました。それは、「百姓は農民である」という思い込みの裏返しであり、人口の圧倒的多数を占める百姓は農業に従事しているのだから、それ以外の技術を持っている人々はごく少数の特別な職能民であると考えられていたのです。

しかし、前述してきたように百姓は実際には非常に多様な技術を持ち、様々な生業に携わっていたと考えられます。例えば、養蚕はすべて百姓の女性が行い、絹織物も百姓の女性が織っていました。これまでは百姓が絹織物を着るなど到底ありえないことだと考えられていましたが、遅くとも十三世紀後半には百姓の女性が絹小袖《こそで》を持っており、また九世紀の初めに伊勢国多気郡には桑の木が十四万本ほどあり、中世の荘園でも紀伊国阿氐河荘《あてがわのしょう》では桑が千九百八十本も栽植されていました。これによって、百姓たちが大量の絹を生産していたことは明らかといってもよいと思います。

絹は、政府に納めるためにだけ生産していたのではなく、百姓自身の衣料ともされ、また交換手段にもなったのです。ですから、ふつうの機織《はたお》りは間違いなく百姓の女性が身につけていた技術だったのですが、中国大陸から伝わってきた綾《あや》、錦《にしき》などの織物を織ることは百姓にはできませんでした。そういった高度な織物は、特別な職能民、男の織手が織っていたと思われます。

そのように、職能民は百姓が身につけていた広範な技術を背景にして、政府や貴族・寺社が必要とする特に洗練された物品を作る手工業者であり、鋳物師《いもじ》のようにその製品を広く売買する人々だったと考えられます。職能民は、古代の律令においては「品部《しなべ》」「雑戸《ざつこ》」と呼ばれ、調庸などの基本的賦課《ふか》を免除される代わりに、職能によって国家に奉仕する義務を負って、それぞれ関係する官庁に分属していました。例えば、鋳物を作る鋳工＝鋳物師は当初は典鋳司《いもののつかさ》という官司に属し、ついで内匠寮《たくみのりょう》、そして蔵人所《くろうどどころ》に属していました。つまり、政府は意識的に職能民を組織し、育成したと言えるでしょう。

中世になると、身につけた職能で身を立てている人を指す言葉が史料の中に明確に現れてきます。律令制が衰微して官司が財政難に陥り、職能民たちは国家から自立し独自な集団を形成して自らの生計を立てざるを得なくなったためですが、こうした職能集団を指す「道々者《みちみちのもの》」という言葉がおよそ十世紀から十一世紀頃に見え始め、同じ頃から「芸能」という言葉も使われ始めます。この「芸能」の意味は現在よりもはるかに広く、手工業者の技術までも含んでおり、例えば「諸道の細工人」はそれぞれの「芸能」に即して交易・売買をする、というような用い方がされています。そして、この「諸道」や「道々者」の「道」は、様々な芸能に即した技術のあり方という意味でした。

つまり、鋳物師の場合には鋳物の「道」がありましたし、螺鈿《らでん》を作る職能民には「螺鈿道」、木工の職能民には「木工道」というように、すべての芸能に「道」がありました。武士の「芸能」は武芸ですから、「兵《つわもの》の道」という言葉も古くから使われていますし、更には博奕の道、遊女の「好色の道」という用例も実際に見られるのです。

鎌倉期までの博奕は決して反社会的な「芸能」ではなく、どこかの官庁、おそらくは陰陽寮が統括していた職能民であり、宮廷の儀式や出産の時に双六《すごろく》が行われたりしていました。平安時代の末、加賀国の国衙《こくが》に双六打を統括する双六別当という役職があり、巫女《みこ》別当と並んでいたこともわかっています。また、遊女の芸能の一つは好色でした。「好色」とはセックスの技術を指すものと思われ、「好色の道」が遊女独特の芸能だったのです。中世の遊女は和歌を詠《よ》み、管弦もできる教養豊かな女性で、やはりいずれかの官司に属しており、身売りされて遊女になった人はいません。「好色」に加えて、そのような教養まで含めての芸能が、遊女の芸能だったと考えられます。

ですから、天皇や高位の貴族、著名な武将の子供を生んだ遊女もたくさんいたのです。

　さらに「道々者」の中で、特に手工業に携わっていた人を指す場合には「道々の細工」という言葉がしばしば使われています。鍛冶、番匠（のちの大工）、銅細工、檜皮《ひわだ》師《し》、壁塗、鋳物師などはまとめて「道々の細工」と呼ばれました。

　その他に「外才人《げざいにん》」という言葉も使われています。「外才」は「道々外才人」のように「道」や「芸能」などとセットになって使われていることが多く、「外財」とも書き、家内の財産を意味する「内財」に対応する言葉でした。従って「外才人」は、身についた才能のある人という意味だと思います。

　また、鎌倉期に入るころから「職人《しきにん》」という言葉が使われるようになります。当初、「職人」の語は下級の荘官を指す言葉として用いられました。荘官の中で文書を扱う役職が「公文《くもん》職」、田畠に関する事務を扱う人が「田所《たどころ》職」と呼ばれており、こうした荘官を「職人」と言っています。「職」には本来「専《もつぱ》ら」という意味があるので、「職人」とは「専らその事に携わっている人」の意味ですが、鎌倉時代後半ごろから、現在われわれが使っている手工業者を指す「職人」の用例が現れてきます。

　十三世紀後半以降、十五世紀までに成立したと考えられている、ふつう「職人歌合」と呼ばれる絵巻が五種類ありますが、そこには様々な「職人」の職能が和歌と絵で紹介されています。その中には鋳物師、鍛冶、番匠、博奕、巫女、遊女など、先ほど述べたさまざまな「道々者」が登場していますが、この絵巻の詞書には「職人」という語はなく、やはり「道々者」となっています。しかし、このころには手工業者を指す「職人」の用例も少なからずあり、読み方も「しょくにん」に変わったと思いますが、やはり現在我々が使っている「職人さん」という言葉とはだいぶ意味は違っていました。博奕、遊女まで含む非常に広い範囲の職能民を意味する言葉として使われていたことは、確認しておく必要があると思います。

聖なるものの直属民

一方で、十一世紀ころから西国では、こうした職能民たちを一般の平民、百姓とは異なる身分に位置づけようとする政府の動きが出てきます。「道々者」「外才人」「職人」「芸能」などは国家が公的に定めた呼称ではなく、貴族たちの間や民間で使われた言葉でしたが、王朝国家は職能民たちに対して「神人《じにん》」「供御人《くごにん》」「寄人《よりうど》」などの身分呼称を公式に与え始めました。そして、それらの呼称はいずれも聖なるものの直属民という意味を持っていました。

「神人」は先ほどの「神賤《しんせん》」と同様、「神の奴隷《どれい》」であり、実際、自ら「神奴《しんぬ》」とも称していました。日吉《ひえ》、春日《かすが》、賀茂《かも》、鴨《かも》、伊勢、石清水八幡《いわしみずはちまん》、祇園《ぎおん》、熊野などの神社に属し、自らの「芸能」、職能を通じて神に仕える代わりに、課役を免除された「免在家」を保証されるなど、平民とは異なる特権を与えられていました。また、全国どこの道や河海でも自由に遍歴することが認められ、ふつうは関・渡・津・泊などで取られる交通税も免除されており、自らの「芸能」を営んで生産した商品を売買するため、広く遍歴することができました。例えば、石清水八幡神人で山崎に根拠を持って各地で交易していた油商人が有名です。

「供御人」の「供御」はもともと天皇の食物の意味ですが、後に天皇が使う物の総称に転化していきました。それゆえ「供御人」は天皇に直属し、日常使う様々な物を納める人のことを指します。鋳物師も供御人となっており、十二世紀以降、蔵人所という天皇直属の役所に属して、殿上で使う鉄の燈炉を天皇に献上するかわりに、課税や交通税は免除され、「燈炉供御人」と呼ばれた鋳物師たちは、全国を自由に遍歴して鉄や鉄器物を交易していました。また、粟津橋本《あわづはしもと》供御人は琵琶湖《びわこ》で漁撈《ぎょろう》に携わり、天皇に贄《にえ》として魚を奉《たてまつ》る海民であると共に、六角町《ろっかくちょう》の「売買屋」で生魚を売る魚商人でした。

また「寄人」は本来、権威ある寺社などに直属する人の総称でしたが、神に仕える

右は表補絵師、左は張殿

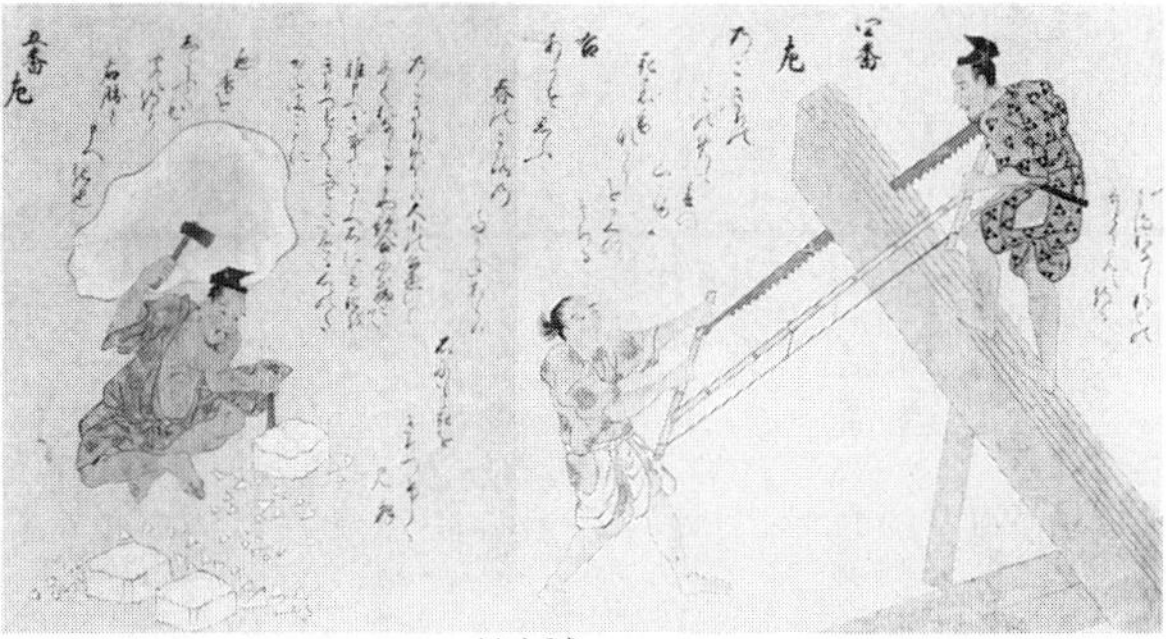

右は大《おお》鋸《か》引《ひき》、左は石切
『三十二番職人歌合』（サントリー美術館）より

神人、天皇に仕える供御人の呼称が明確に位置づけられると共に、仏に直属する人に限定して使われるようになりました。前に述べた藤原鎌足の廟《びょう》のある多武峰の墓守も寄人でした。寄人は神人が「神奴」と言ったように、自ら「寺奴」あるいは「菩薩《ぼさつ》の奴婢《ぬひ》」などと称しています。そのため神人や寄人は、奴隷的な身分の低い人々と考えられてきましたし、今もそうした考え方は歴史学界に根強く残っています。

しかし、神人・供御人・寄人は、実際には神仏・天皇に直属する聖なる身分の人々ですから、万一、俗人が手をかけて怪我《けが》を負わせたりすれば、神仏の罰であるとして神人や寄人の集団がたちどころに武力を行使し、その人を捕らえ処罰しました。まさしく神罰・仏罰が下るのであり、それほど強力な武力と権威を持った集団だったのです。神人、供御人は名字を持ち、位階や官職を与えられることもありました。それゆえ、世俗の身分としては侍に相当すると考えてよいと思います。

職能民の中の有力者がこのような身分を保証されて、「神に仕える侍」となったのですが、なぜ彼らがそのような身分を与えられたのかについては、芸能・職能の本質に関わる難問であり、完全に解決したとは言えません。

ただ、こうした聖なる存在に直属する職能民がいたのは、日本だけではありません。南米のインカ帝国にも「神の奴隷」がおり、男の場合はヤナコーナ、女の場合はアクリャと呼ばれていました。また、アフリカやスリランカなどでも、職能民と王権との結びつきを見出すことができます。神聖王と呼ばれる王権にこのような職能民が直属することは、広く世界に見られたので、その実態を明らかにし比較することも、今後の大きな課題です。

　また日本の場合、神人・供御人・寄人はこれまで述べてきたように、十二世紀には一般の平民百姓と区別された身分として、国家の制度に公式に組み込まれました。私はこの制度を「神人・供御人制」と呼んでみましたが、これはまだ学界には通用していません。しかし、職能民がそのような身分になった理由の一つは、古くから商業や金融が神仏との関係なしには成立しえなかったためだと私は考えています。

　金融や商業の用語については後に詳しく述べますが、物と物とを商品として交換する行為は、市庭《いちば》という俗界を離れた場で初めて可能になり、神仏の物や銭でなければ貸与して利息をとることはできませんでした。このように、商業や金融は俗界を超えた聖なる世界との関わりがあって初めて可能だったのです。それゆえ、金融・交易に携わった職能民たちにとって、神仏あるいはそれに準ずる天皇の直属民という資格が自らの活動を行うために不可欠の条件だったと、一応言うことができると思います。

しかし、さらに大きな問題は、職能民をそのような神人・供御人の身分に位置づけたのは西国、西日本であり、神人・供御人制は東国では作動していないという点です。もちろん、東国でも職能民の活動は活発でしたが、東国の職能民は聖なるものの直属民にはならず、東国の王権である将軍やその有力な御家人の、家人の身分に置かれていたと思います。こうした職能民はやはり侍身分でしたが、神仏ではなく、将軍や有力な御家人の家臣であり、世俗の主従関係の下にあったのです。

また東国の社会にも神仏に直属する神人はみられますが、それは特に職能を営む人ではなく少数の下級の神職であり、西国と同じように免田畠という年貢《ねんぐ》を免除された田畠を与えられている職能民もいますが、その人々は神人・寄人などの特別な身分を与えられていないのです。

日本列島の社会における東と西の差異、とくに神仏のあり方の違いを考える上で、この問題は非常に重要な意味を持っています。そして、この問題は被差別身分の問題にもつながってくるのです。現在は差別用語とされている「非人」の語は、畿内、西国の文書や記録には数多く出てきます。しかし、東国の史料には越後に一例と鎌倉に見られるだけでほとんど見出せません。実は「非人」は西国では神人・供御人と基本的に同じ身分になっていたのです。

そのような点から、東国と西国とでは差別のあり方が違っていたと考えざるを得ないのです。

Ⅶ　被差別民の呼称

差別意識の東と西

前回の最後に、被差別民の問題に触れて、差別のあり方は東国と西国とで違っていたと述べました。日本列島の中で、差別に関してそのあり方に違いが生じたのはなぜなのかは大変に重大な問題ですが、その前にまず確認しておかなくてはならないのは、現在の日本において北海道と沖縄には被差別部落は存在しないということです。

北海道に関して言えば、もともとアイヌの世界にはそうした差別はありませんし、明治以後に本州から大量に移住した人々も、なお調査の必要はあると思いますが、特に差別の問題を持ち込んではいないと思われます。

また、沖縄では、かつての琉球《りゅうきゅう》王国の時代に「アンニャ」と呼ばれる一種の芸能民がいて、差別をされていたということを安良城《あらき》盛昭氏が指摘しています。「アンニャ」はおそらく「行脚《あんぎゃ》」から来た言葉で、あるいは本州から渡っていった人々ではないかとも考えられますが、差別といっても、本州・四国・九州の被差別民とは異なる要因によるものだったようです。それ故《ゆえ》、沖縄にも「被差別部落」といえるような集落はないと言ってよいと思います。

このように、被差別部落の問題があるのは本州・四国・九州であり、江戸時代以前に日本国の国制の下にあった地域であることに、まず注意すべきだと思われます。そして、この地域では大なり小なり必ず被差別部落がありますが、その中でも東日本と西日本とでは、そのあり方に大きな差異があると私は考えています。

神奈川大学の短期大学部で講義をしていた頃、私は必ずこの被差別民の問題について話すことにしていました。日本人なら誰でも知っておくべき非常に重要な問題であり、日本の社会を深く理解するために、正確に認識しておくべきことだと考えたからです。まず講義の冒頭で「同和問題を知っていますか」と質問したところ、数人を除き、答えられる学生はいませんでした。知っていると手を挙げる学生が数人いましたので、出身地を聞いてみると大阪、広島、山口、島根、三重など西日本出身の学生ばかりで、関東出身の学生の中には本気で「童話」と勘違いした人もいたのです。これには苦笑せざるを得ませんでしたが、もし京都や大阪の大学で同じ質問を発したら、いまごろそんな馬鹿《ばか》なことを聞くな、と一笑に付されるか、猛烈な批判を受けるだろうと思います。

　また、これも同様の問題ですが、大阪出身と東京出身の二人の歴史家が東京の電車の中で差別問題について話を始めたところ、東京出身の歴史家は大きな声で「非人」「穢多《えた》」などの言葉を平気で使うのです。大阪出身の歴史家が驚いて、周囲を見回しながら「こんな場所でそんなことを言っていいのか」と注意したのですが、東京出身の歴史家は何のことやらわからずに怪訝《けげん》な顔をしていた、ということがありました。

　このように、差別問題に関しては関東人が「鈍感」であると言っても、間違いではないと思います。差別発言で糾弾を受ける人に東の出身者が多く、それはたとえ悪意によるものではないにせよ、無知、鈍感であるとの誹《そし》りは免れないでしょう。

　実は、私自身も山梨生まれの東京育ちであり、二十歳になるまで生活の中では全く未経験で、被差別部落について本当に知ったのは歴史を勉強し始めてからのことなのです。関西の方々と話をすると、子供の頃から差別を受けた、あるいは逆に、被差別部落には近づくなと親から言われたなど、様々な話を聞かされるのですが、私にはそういった肌に直接響いてくるような深刻な体験は全くないのです。先ほどの神奈川大学の学生もおそらく同様であろうと思われます。もちろん、山梨にも神奈川にも被差別部落はありますが、数も少なく、多くの人々の日常には関わらないことが多いのです。

この問題を論じる場合、まず日本列島の中でも地域による実態のちがい、そのことからくる著しい認識の差異があることを、決して忘れてはならないと思います。それを無視して、発言したり行動した場合、誤って人を傷つけることも起こりうるのです。

ケガレにどう対処するか

では、こうした差別に関わる地域差はどうして生じたのでしょうか。その一つとして、「ケガレ」に対する感覚の差があるのではないかと考えられています。ケガレについては山本幸司氏の『穢《けがれ》と大祓《おおはらえ》』（平凡社、一九九二年）に詳しく述べられていますが、ケガレとは、自然と人間社会との均衡が、人間の意思を超越した力によって崩れた時に起こる事態に関わる観念と言ってよいと思います。こうしたケガレに対する感覚は人類に共通していると思いますが、最も基本的なのが人の死と子供の誕生に関わるケガレです。

一人の人間が死ぬと、周辺の社会には不均衡が生じます。これが「死穢」、死によるケガレの発生です。それが平常に回復するまでに一定の時間を要するわけで、その期間が、忌《い》み籠《ご》もりをしなくてはならないケガレの期間です。一方、子供の誕生は、おめでたいことでもあるのですが、やはり新しい人間が生まれると、周囲が落ち着いた平常の状況にもどるまでには時間が若干かかります。その期間が「産穢」と呼ばれ、ケガレの状態と考えられてきました。

その他、人間の力ではどうにもならない火が引き起こす火事の際には「焼亡穢」、殺人や盗みなどの犯罪が発生すれば「罪穢」が生じます。こうした事態をケガレと捉《とら》える感覚は世界の諸民族に共通しているようですが、それに対する対処の仕方は民族あるいは地域によってかなりの違いが見られます。

世界の諸民族のケガレを比較した研究として、一九一七年（大正六）に発表された中田薫氏の「古法と觸穢」（『法制史論集』第三巻、岩波書店、一九七一年）があります。その後さらに広く諸民族のケガレ観念とそれに対する対処の差異を比較した研究があるかどうか、不勉強のため私は知りません。しかし、日本列島に関しては、ケガレへの対処の仕方に列島東部と西部とで違いがあったことを明らかにした研究が行われています。それは考古学及び民俗学の専門家である愛知大学の木下忠氏の『埋甕』（雄山閣、一九八一年）に収められた論文で、産穢への対処を、「胞衣《えな》」（胎盤）の扱い方によって二つのタイプに分類しています。

一つは、縄文時代から見られるやり方で、胞衣を竪穴《たてあな》式住居の入口の地面に埋めてしまいます。子供が赤子のうちに死んでしまった場合も同じ扱いをしていたようですが、現在でも、胞衣をなるべく人が踏むことの多い場所に埋める習俗があります。戸口や、道が交差している辻《つじ》にわざわざ持って行って埋めることまで行われています。こうした地域では、人に踏まれれば踏まれるほど、赤ん坊が元気に育つという考え方があったと言われています。

これに対して、住居から離れた場所に「産室」を設け、「産屋《うぶや》」を建て、その床下を深く掘って胞衣を埋めるというやり方をしている地域があります。とにかく胞衣をなるべく遠くへ持って行って埋めることが重要であり、例えば室町時代の将軍家の場合は山中に埋めに行かせたりしています。

木下氏はこの二つのやり方のうち、前者を縄文的、後者を弥生《やよい》的と呼んでおり、前者はケガレに対して神経質ではなく、むしろおおらかであり、後者は敏感でケガレを忌避する傾向が強いと捉えておられます。縄文文化と弥生文化を単純に東と西に分けることはできませんが、弥生文化が紀元前三世紀以降、列島西部に入ってきてから、おおよそ列島東部は縄文文化、西部が弥生文化という時代が二百年ほど続いたと考えられています。ケガレに対する対処の東と西の差異は、その頃まで遡《さかのぼ》ることができると思われます。胞衣の扱い方に関してはもちろん、きれいに東と西に分けることはできませんが、木下氏の言われる通り、その源流を縄文人と弥生人の差異に求めることはできると私も考えています。

伝染するケガレ

日本国は、ケガレを忌避する傾向の強い列島西部を基盤に成立します。成立当初の日本国は中国大陸の律令《りつりょう》を受容しており、こうしたケガレに関わる制度は表に出ていませんでしたが、九世紀以降の王朝になると、ケガレに対する制度が表面化してきます。そしてその背景にあったのは、ケガレは伝染するという考え方でした。もちろん、ケガレとは実態のないものであり、観念、意識でしかないのですが、閉ざされた空間の中で発生したケガレが、次々に伝染するという感覚が、古代の西日本の人々の間にはあったのです。

例えば、ある人の家に乞食《こじき》が入ってきて、床下で寝ているうちに行き倒れて亡《な》くなってしまった場合、ケガレが発生し、その空間がケガレてしまいます。西日本では、犬や牛馬などの家畜の生死もケガレとされていますので、犬が縁の下に入って死んだ場合も同様です。これを甲穢とします。甲がそれを知らずに乙の家へ行き、そこで食事を共にするなど接触すると、そのケガレは乙に伝染し、乙穢が生じます。さらに、乙が丙の家へ行って接触すると、丙に伝染し丙穢となります。その間にケガレは次第に稀薄《きはく》になっていき、丙が丁の家に行く頃には消滅して、それはケガレにはならないと考えられていました。

面白いことに、ケガレが伝染するのは家や垣根の中など、閉じられた空間に限られ、開かれた道の空間や荒野、水の流れている河原などでは、ケガレも流れていくと考えられていたのでしょうか、ケガレは伝染しませんでした。それ故、道や河原にある人や犬の死骸《しがい》を見ても、ケガレることはなかったのです。

しかし、もしある公卿《くぎょう》がケガレると、宮廷の行事に出席することができなくなります。さらに天皇がケガレると、国家の行事がすべて行われなくなってしまいます。「天下触穢」と言われるこうした事態は、実際に平安後期以後にしばしば起こっています。これは由々しき事態であり、そのようにケガレが伝染して政治が動かなくなることを避けるため、国家は様々な制度を設けました。

ケガレが発生した場合、それを清めるための手続きを法制化し、ケガレた人間が何日間か家に籠もる一定期間の「忌籠《いみごもり》」が義務づけられました。死穢は三十日、産穢は七日など、ケガレの性格によってその期間は様々でしたが、その間は家に籠もっていなければケガレを清めることはできなかったのです。近親者の葬儀の後に休みをとる現在の「忌引」は、その慣習の名残りですし、葬儀の後で家に入る前に塩をまいてキヨメるのも、ケガレの伝染を避ける呪《まじな》いです。

ケガレのキヨメ

ケガレが都を中心として社会的に大きな問題となるのは、九世紀半ば頃からです。平安京が作られた当初は、貴族と官人だけの町で人口密度も高くありませんでしたが、やがて各地から商人を始め多様な人々が出入りするようになります。こうした都市化の進行とともに、ケガレの「キヨメ」が京都において重大な意味を持つようになっていきます。

九世紀半ば頃、飢饉《ききん》によって多くの餓死者が出て、賀茂《かも》川の河原に沢山の死体や髑《どく》髏《ろ》が放置されるという事態が生じました。その処理と葬送、つまり死者のキヨメを、政府は悲田院という、孤児や重病人を救済するために設けられた国家的施設の人々に命じました。

悲田院ができたのは奈良時代ですが、都が平安京に移った時、京都の東西の九条の端に建てられました。その救済施設に収容されていた人々に死体のキヨメを行わせているのですが、その時点で悲田院の人々が差別を受けていたと断定することはできません。この頃、悲田院に収容された孤児で大人に成長した人々が、京都の一般の人たちの戸籍に登録されたケースが見られますので、差別を受けていたとは考えられないと思います。ともあれ、こうした特定の集団にケガレのキヨメを行わせたという点については、これが史料上の初見と言うことができます。

やがて十世紀に入ると、国家は財政難に陥り、どこの官庁にも予算が行き渡らなくなります。その結果、官庁に属していた職能民たちはそれぞれに独自の集団を形成して活動し始めますが、悲田院の人々も重病人以外は、自力で葬送などの自らの職能をもって生活をしなくてはならなくなります。

そうした動きの中で、十一世紀半ばから十二世紀頃、初めて「非人」と呼ばれる集団が史料に現れます。京都や奈良を中心に活動し、「長吏《ちょうり》」と呼ばれる人が統括する「非人」の集団に関する史料が、少なからず残されるようになります。その中にかつて悲田院に収容されていた孤児や病人がいたことは間違いありません。

この人たちは仏教の修行としての托鉢《たくはつ》、乞食《こつじき》をすると同時に、死体の葬送に携わりました。さらに、罪を犯した人々に対して刑罰を執行する刑吏としても活動しています。それは、罪のケガレのキヨメであり、当時の最も重い刑罰である住宅破却、つまり家の取り壊しを非人の集団が行っています。時代が降《くだ》り、保元の乱以後、貴族たちの間で死刑が行われるようになると、死刑の執行人になる場合も見られるようになります。

非人の集団が集まる拠点は「宿《しゆく》」と呼ばれました。その中でも最も大きな拠点が、畿内京都では清水坂、奈良では奈良坂にあったのですが、それは「本宿」と呼ばれ、鎌倉を中心とする都市的な場に散在した小さな宿はそれぞれその「末宿」となっていました。寺院と同じように、本末の関係があり、それぞれ宿の長吏によって統轄《とうかつ》されていました。宿はおそくとも戦国時代の頃には、西日本の一部ではなぜか「夙《しゆく》」と書き、非人の宿を指す差別語になっていったと考えられます。本来、宿は宿場・宿駅のように、人々の集まる交通上の拠点という意味の言葉です。また、「長吏」も後の時代にはそれ自体が差別語になる地域がありますが、この時代には園城寺長吏のように、人的集団を率いる長を意味しており、決して差別語ではありませんでした。

また、特に注意すべきなのは、非人は「人に非《あら》ず」と書きますが、決して差別語ではなかったということです。奈良の興福寺に見事な阿修羅《あしゆら》の彫刻があります。当時は、あのように異様な姿をして仏を守護する役割を果たす人のことを「非人」と称していました。つまり、まさしく人の力を超えた存在として、「人ならぬ姿をした人」という意味で使われています。

しかも、この時期の非人は、すでに述べたように神人《じにん》・供御人《くごにん》と基本的に同じ身分、すなわち神仏の直属民でした。清水坂の非人は祇園社《ぎおんしや》・延暦寺《えんりやくじ》と深い関わりを持ち、「犬神人《いぬじにん》」「釈迦堂寄人《しやかどうよりうど》」と呼ばれていました。「犬」の意味は必ずしも明確ではなく、その一語がついている点において、他の神人と区別されていた可能性はあるにしても、神人であったことは間違いありません。

また、奈良坂の非人は興福寺・春日社《かすがしや》の寄人で、まさしく「仏の奴婢《ぬひ》」でした。このように非人は神仏の直属民ですから、当時の人々は非人に手をかけると神罰・仏罰がたちどころに下ると考えていました。ですから、非人は他の人々に恐れられていたことは確かですが、それは賤視《せんし》されていたというより畏怖《いふ》されていたと考えるべきだと思います。

実際、この時期には非人自身も、自分たちは神仏のために「清目《きよめ》」という大変に重要な仕事をしているのだという誇りを持っていました。鎌倉時代前期に奈良坂の非人が書いた訴状が残っていますが、その中で非人は自らのことを「本寺最初、社家方々の清目、重役の非人」と称しています。「重役」とは大変に重要な役目という意味であり、非人たちは「清目」という「重役」を職能としていることを周囲に対して堂々と誇らかに公言していたことがうかがえます。また、十四世紀半ば頃に犬神人が書いた申状の中にも、自分たちは比叡山《ひえいざん》延暦寺の西塔釈迦堂の寄人であり、職掌人・重色《じゆうしき》人《にん》であるといって、他の神人と変わりないと強調しているのです。そこには賤視されている気配は窺《うかが》われません。

非人・放免という職能民

ところが、時代が降って十六世紀頃になると、非人が自らを「人非人」と言い、「浅間《あさま》敷者《しきもの》」などと言うようになり、我々は賤《いや》しめられていると自ら認めるようになってきます。江戸時代になるとさらに露骨になり、最初からわれわれは「穢れ」た者なのだと自分で言うような状態にまでなっていきますが、鎌倉時代の中頃までの非人にはそういった意識は全くなかったことが、史料を読むとはっきりとわかります。

鎌倉時代後期に描かれた絵巻の『一遍聖絵《いっぺんひじりえ》』を見ますと、非人が数多く描かれています。多くは白い覆面と黒に近い柿色《かきいろ》の衣、帷子《かたびら》を着けていますが、その中でも主だった人々、犬神人は背筋の伸びた堂々とした姿で描かれています。その姿を見ますと、この頃の非人は決して賤しめられた集団ではなかったと考えるべきだと思います。いろいろな議論があり、こうした見方に対する批判もありますが、私は今もそのように考えています。

またこの頃、非人と同じように刑罰を執行する刑吏として活動していた人々に「放

『法然上人絵伝』(知恩院蔵）より、放免（中央の二人）

『一遍聖絵』(清浄光寺〔遊行寺〕蔵）より、犬神人

免」という集団がいました。一度罪を犯して牢獄《ろうごく》につながれ、刑期を終えて放免された人々なのでこのように呼ばれたようです。もちろん、放免されれば普通の人に戻れるのですが、それが因縁となって、検非違使《けびいし》庁という天皇直属の官庁に属し、非人と同じように、罪人の逮捕や住宅破却、死刑などの処刑、あるいは葬送に携わるようになった人々のいたことが、『今昔物語集』などにも書かれています。

放免は「囚守」という官職名が与えられていました。囚守とは牢番のことで、左囚守・右囚守という検非違使庁の官職名を与えられたことから、放免が天皇直属の下級の役人という性格を持っていることがはっきりわかります。放免の姿は『法然上人《しようにん》絵伝』に描かれていますが、僧形ではなく摺衣《すりごろも》という非常に派手な衣装を着けて、顎《あご》ひげをはやしています。

また、放免は賀茂の祭りの時に先頭に立ち、矛《ほこ》を持ってケガレを払うという役割も果していました。犬神人は祇園祭りの時に先導者となっていましたから、放免も広い意味での非人と言うことができると思います。つまり、放免もケガレを清める仕事に携わる職能民であり、その職能に誇りを持つ人々だったと考えてよいと私は考えています。

そして、放免と同じく京都の非人も天皇直属の官庁の検非違使庁の管轄下にあり、京都の掃除・清目に携わっていました。「坂者《さかのもの》」といわれた非人たちは醍醐《だいご》天皇の時に交通税免除の特権を与えられ、塩売をしていたということを、十六世紀頃の文書で主張していますが、それは全く根拠のないことではないと思います。さらに注目すべきは、丹後国石河荘に「清目給」の見られることで、これは非人が鍛冶《かじ》・番匠などの職能民と同様、租税（年貢《ねんぐ》・公事《くうじ》）を免除された給田畠を与えられる「職人」であったことをよく物語っています。やがて「清目」の語は、被差別民の呼称になりますが、これも本来は清掃などをさすふつうの言葉でした。例えば主殿寮《とのも》という官司の官人は、朝廷の殿舎の「清目」を職掌としていると自らいっており、この言葉が本来、差別語ではなかったことをよく物語っています。

死とのかかわり方

古代末から中世にかけてケガレをキヨメるのを職能とした「非人」「放免」と呼ばれた人々について、私なりの考えを述べましたが、同じ頃に「河原人」「河原細工丸」、少し時代が降ると「河原者」などの呼称で史料に現れてくる職能民の集団がありました。

この職能集団がいつ頃から活動していたのかは必ずしも明確にはなっていませんが、

いずれも同じ職能をもつ人々を指す言葉と考えてよいと思います。平安時代の公卿源経頼の日記『左経記』の長和五年（一〇一六）正月二日の条に「河原人」が斃牛《へいぎゅう》の皮を剝《は》ぎ、その内臓から「牛黄《ごおう》」（黒玉、牛の胆石）という貴重な薬を取り出したという記事が見えるのが最も早い事例で、南北朝前期に「河原細工丸」が「裏無」という履物を祇園社に貢納していたという記録も残っています。ですから、この職能集団も非人と同様におそくとも十一世紀以降には成立していたと見ることができます。また、非人の集団が「長吏」に率いられていたのと同様に、河原人や河原細工丸は「長者」という統轄者に率いられていました。そしてやはり、祇園社、北野社、醍醐寺などの寺社に属しており、後述するように「清目」とも呼ばれていたこともわかっています。ただ、非人とはちがって、僧侶《そうりょ》の姿はしておらず、俗人の名前を名乗っていましたが、おそらく烏帽子《えぼし》をつけない蓬髪《ほうはつ》の姿で、「童形」だったと考えられます。

この人々は、主として死んだ馬や牛から皮を精製する仕事に携わっていました。そして皮をなめす仕事は主に河原で行われたため、そこから河原人のような呼称が生まれたものと思われます。畿内や西国では、犬や牛馬の死も人間の死と同様に「ケガレ」と考えられており、その葬送や解体はやはり「キヨメ」の仕事になります。従って、河原細工丸もまた「キヨメ」を職能とする人々と当時の社会では考えられていました。

同時に十五世紀まで降ると、河原者は、大きな石や樹木を動かしたり、井戸を掘ったりする仕事にも携わっていました。人間の社会と自然との間の均衡が崩れた状態からケガレが発生することは前にもお話ししましたが、井戸を掘ったり石や樹木を動かすことは、自然に大きな変更を加えることになります。ですから、そういう状況そのものがケガレと同様の事態と、当時の人々は考えていたようで、河原者はそうした仕事に携わることのできる職能集団でもあったと思われます。

これらの河原人・河原細工丸も非人と同様、十四世紀までは神仏に仕える直属民であり、職能民として特権を保証された人々でした。前に述べた「清目給」のように、播磨《はりま》国大部荘の十四世紀の文書にも「河原人給」を見出《みいだ》すことができるのです。河原人は鍛冶、番匠などと同様、年貢・公事を免除された給田を保持する特権を認められていました。実際、牛や馬などの動物は、時代が降ると「畜生」として賤しめられるようになりますが、十四世紀ごろまでは、人間の世界を超えた存在であり、これを虐《ぎゃく》待《たい》すれば神罰・仏罰が下るとも考えられていたと思われます。おのずと、そうした動物の死体を扱う人々も、むしろ聖なる領域に属する人々だったのです。

たとえば、北野社に属していた六郎男という河原細工丸の徳治二年（一三〇七）に提出した訴状が『北野神社文書』に残っていますが、その中で六郎男は自分自身のことを「御清目」と名乗っています。ここにも、彼らが非人や放免と同様に神仏に直属する職能民としての誇りを抱いていたことが窺えます。

それ故《ゆえ》、こうした人々を「身分外の身分」ととらえることは誤りと私は考えています。この時期の非人、放免、河原人などの集団を、十五世紀以降とくに江戸時代のように、社会から賤しめられ疎外《そがい》された被差別身分と考えることは、その実態を大きく見誤ることになると思います。

とくに注目すべきことは、こうした非人や河原人に関する文献史料は、今のところ東日本ではほとんど見出されていない点です。ただ、鎌倉では、鶴岡八幡宮《つるがおかはちまんぐう》に属した犬神人がいたことや、非人の集団がいた事実を史料ではっきりと確認できます。これは鎌倉には京都の影響が強く及んでいたためと考えることができると思いますが、それ以外には、越後国奥山荘に「非人所」があったという文書が残っているだけです。越後には日吉神人《ひえじにん》がおり、西国の制度が及んでいますから、「非人」のいたことも十分考えられますが、それがどのような場所だったのかは明らかではありません。つまり、十三、四世紀頃までは、鎌倉とこの事例を除くと東日本には非人の集団がいたことは確認できないのです。河原人についてもその活動を示す史料はやはり現在のところ確認されていません。

放免や非人が罪人の首を切る処刑に携わっていたことは前に述べましたが、鎌倉幕府の御家人や地頭たちは、罪人の処刑を自らの手で行っています。一例を挙げれば、承久の乱の首謀者である貴族たちは、鎌倉に護送される途中、武士によって首を切られています。もちろん、それは幕府の意思によるのですが、実際に首を切ったのは護送していた武士たちであり、決して放免などの特別な集団ではありません。そしてそうした武士がとくにケガレにふれたとはされていないのです。

一方、同じ頃に京都では法然上人の弟子と後宮の女房との「密通」が問題とされ、安楽房という法然の弟子が六条河原で首を切られています。その場面は『法然上人絵伝』に描かれていますが、刀を振るっているのが放免であることが明らかに確認できます。つまり、処刑に即してみても東日本と西日本との差異は明らかで、とくに処刑・葬送に携わる職能民集団は東日本には形成されていないと考えざるをえません。

これはやはり、列島の東部と西部の社会の、ケガレに対する感覚の違いに起因すると考えられます。もともと、列島東部では狩猟が非常に盛んであり、それを背景として東国には広大な「牧」が設定されていました。ですから、人々は家の廐《うまや》のような身近なところで飼育された牛馬ではなく、牧場を飛び跳ねる野獣に近い馬と接していました。東の王権、鎌倉幕府は、その馬に乗って戦闘する武士の集団によって支えられていたのです。

それ故、東日本の人々は獣を殺し、その肉を食べることについて、西日本の人々のように敏感ではなかったということができると思います。ケガレの問題については列島東部の社会が鈍感であると前に述べましたが、その背景としてこのような社会の実態のあったことが考えられるでしょう。実際、現在でも馬肉を好んで食べる地域として、信濃《しなの》・甲斐《かい》と熊本とをあげることができますが、これらの地域は「牧」が設定された地域だったのです。

ケガレから汚穢《おわい》へ

時代が降《くだ》って十三世紀後半になると、「穢多」という言葉が使われるようになります。これは初めから差別的な意図を持って用いられた語といわなくてはなりません。「穢多」の文字が初めて使われたのは、これまで、十三世紀の後半に編纂《へんさん》された『塵《ちり》袋《ぶくろ》』という百科辞書といわれてきましたが、この文字は後に書き入れたとする見方があり、それが事実だとすると、十三世紀末に描かれた『天狗《てんぐ》草紙』という絵巻が最初ということになります。『天狗草紙』は、天狗という異形な姿をした仏の敵が世の中で悪事を働く光景を描いた絵巻で、例えば延暦寺や三井寺《みいでら》の僧侶たちが武装して強訴を起こし、お互いの寺を焼いてしまうような、このころに起こった異常事態はすべて天狗の仕業として描かれています。またこの絵巻は、男女の僧尼《そうに》や非人たちを従えて「遊行《ゆぎょう》」遍歴し、踊り念仏を通じて時宗を広めていた一遍や、芸能を営みつつ禅宗の教えを広めていた放下《ほうか》という集団に対して強烈な敵意を抱き、いずれも天狗のあやつっている「畜生道」「魔業」の輩《やから》であるときびしく非難しているのです。

「穢多」という文字が用いられているのは、こうした文脈を持つ絵巻の中で、調子に乗り過ぎた天狗が「穢多」に捕まって殺される場面です。天狗は『今昔物語集』以来、『十二類合戦絵巻』まで、鳶《とび》と見られていますが、ここでも嘴《くちばし》が尖《とが》って羽根を持った鳶の姿で描かれており、その空を飛ぶ鳶に向かって「穢多童」が鉤《はり》に刺した動物の肉を投げ上げます。そして、それに食いついた鳶、つまり天狗が空から引きずり下ろされ、「穢多童」に捕らえられて、首を捩《ね》じり殺されていく様子が同じ場面の絵の中に描かれているのです。

その絵の中には、おそらく牛馬のものとみられる皮を干している場面も出てきますので、この「穢多童」が河原細工丸であることは間違いないと考えられます。しかし、この人々に対して「穢《けが》れ多し」という字を用いたのは、明確に差別意識を背景にしていると思います。

また、先の『塵袋』の中で、「エタ」とは鷹狩《たかがり》の時に鷹の餌《えさ》になるものを取る「餌取」から転訛《てんか》した言葉であると説明され、最後に「イキ物ヲ殺テウルエタ躰《からだ》ノ悪人也」と書かれています。この本では片仮名で「エタ」と書いていますが、先にふれたように「穢多」という漢字が書き加えられています。それが後筆かどうかはともかく、いずれにしても、生き物を殺して肉を売る「悪人」であるという差別的な視点で「エタ」を見ていることは明らかといわなくてはなりません。これは非人、河原人を神仏の直属民と見ていた時期とは、はっきりと異なった視点といってよいと思います。

その背景には、神仏の権威の低落にともなうケガレに対する社会の対処の仕方の変化があったと考えられます。つまり、それまで人の力を超えた畏怖《いふ》すべき事態と考えられていたケガレを、「汚穢」として嫌悪《けんお》し忌避するような意識がこの頃からとみに強くなってきます。それは、人間と自然との関係が大きく変化し、社会が「文明化」したためであるとも言えると思います。

このように「穢多」という言葉は十三世紀後半に生まれ、十五世紀になると畿内では社会に定着していきますが、注意すべきは『天狗草紙』に描かれた「穢多」が決していわゆる「賤民」ではなかったという点です。仏の敵である天狗を捕まえ、首を捩じり殺している点からもわかるように、この時期の「穢多」は非常に強力なおそるべき力を持つ人々と考えられていました。それは、『天狗草紙』の詞書《ことばがき》に、天狗にとっての「おそろしきもの」として、尊勝陀羅尼《そんしょうだらに》のような密教の呪文《じゅもん》等と併記して「穢多のきもきり」、つまり「穢多」に肝を切られてしまうことが挙げられている事実からみても、よくわかります。

ですから、『天狗草紙』や『塵袋』の作者は、「ケガレ」や「悪」とこの人たちが考えるような世界に深く入り込んでいる集団として、河原細工丸を「穢多」ととらえ、差別的な見方をしていたことは確かですが、この段階ではまだそうした差別が社会的に固定した状態には決してなっていなかったと考えるべきだと思います。それは同じころ、「悪人」こそ仏の心に近いとする親鸞《しんらん》の教えや、先のようにケガレたものも救われるとして非人たちの信頼を集めた一遍、さらに自ら「賤民」の子といった日蓮《にちれん》のような宗教家の思想が強力な社会的影響を持ちはじめていることからも明らかといえます。「悪」も、道徳的な「善悪」の「悪」というよりは、むしろ人の制御できない強大な力そのものを指していました。ですから、この時代の「悪党」は決して単純な「わるもの」ではなかったのです。

差別される人々

十五世紀に入ると、差別される人々の範囲がかなり広がってきたように見えます。例えば、茶摘みをする女性は祇園社では「宮籠《みやごもり》」と呼ばれ、犬神人《いぬじにん》とも深い関わりを持つ巫女《みこ》もその中にいました。また、「一服一銭」と呼ばれる茶売りは、犬神人と同じように覆面をした人として『七十一番職人歌合』に描かれています。このように、茶摘みや茶売りが非人と不可分の関係にあったことは、室町時代には史料の上ではっきり確認できるようになります。（これらの点については丹生谷哲一氏『検非違使』平凡社、一九八六年、同氏『日本中世の身分と社会』塙書房、一九九三年を参照）

この頃、茶や華も芸能としての形を整えてきますが、お茶を点《た》てる時に使う茶筅《ちゃせん》を売っていたのは、「鉢叩《はちたたき》」という時衆と関わりのある遍歴の僧侶でした。瓢簞《ひょうたん》や鉢を叩きながら諸国を遍歴して教えを広めていた僧形の人が、茶筅を売り歩いていたのです。華についても、菊の花作りに携わったのは非人・河原者の流れを汲《く》む人々だったことがわかっています。

また、室町時代には、河原者は庭園作りの仕事にも携わるようになります。牛馬の皮を扱うだけでなく、木や石を動かすことも河原者の仕事でしたが、それを起点として庭に木を植えたり、石組みをするなどの造園をするようになり、河原者は「御庭者」とも呼ばれるようになります。その中から、善阿弥《ぜんあみ》のように、後世にまで長く名前を残した優れた造園家が生まれています。

十五世紀には、このように茶や華を扱ったり、庭園をつくる人々、さらには猿楽の芸能に携わる人々も、差別され賤視される一面を持つようになっていますが、そうした人々によって茶道、華道さらに能のような芸能が生み出され、すばらしい庭園が造り出されたことをわれわれはよく知っておかなくてはなりません。

あわせて注意しておきたいのは、十四世紀までは朝廷の官司に統轄《とうかつ》され、天皇や貴族とも芸能を通じて関わっていた遊女の社会的な地位が低下し、次第に賤視されるようになっていったことです。十五世紀以降、遊女は傾城屋《けいせいや》という家を持って客をよび、「辻子《ずし》君」と呼ばれていました。また、京都などの道で客をとる「立君」と呼ばれた遊女もいましたが、いずれもそのころになるとケガレた生業に従事する女性として扱われるようになってきます。身売りによって遊女に「身を落とす」女性が現れるのもこのころであり、傾城屋の集まっているところは「地獄辻子」「加世辻子」(カセは女陰のこと)など、明らかに差別された名称で呼ばれるようになります。宮廷への出入りを許されていた時代からみると、遊女の地位は劇的に低下したということができるでしょう。

そして、その背景にあったのは、やはりケガレに対する忌避であり、セックスもケガレと関連づけて捉《とら》えられるようになってきたと考えられます。そして、更にそれが生理に伴う血のケガレとも結びつき、やがて女性に対する社会的な差別につながっていくことになります。

今後の課題

江戸時代になると、被差別民は身分として固定化されていきます。将軍綱吉の時代に有名な「生類憐《あわれ》みの令」や、血や死のケガレを排除する細かい規定をもった「服忌令」などの法令が出されますが、それらの法を通じてケガレを忌避する感覚は東日本にも持ち込まれ、城下町には被差別民が移住するようになりました。こうして差別が固定されたのは元禄《げんろく》の頃と考えられますが、さまざまな歴史を背景としている被差別民の呼称は、地域によって異なっており、一様ではありません。「穢多」「非人」の呼称は幕府によって固定された被差別民について用いられましたが、むしろそれよりも「皮多《かわた》」「鉢屋」「茶筅」など、長い歴史を持った呼称の方が西日本では広く用いられました。

「皮多」はまさしく皮を扱う人々の意味であり、畿内を中心に広い範囲で用いられました。また、「鉢屋」や「茶筅」という呼称が、茶筅を売り歩いていた鉢叩と関わりを持っていることは間違いないところで、「茶筅」は中国・四国地方に見出され、「鉢屋」は山陰を中心に用いられた呼称です。

　その他、加賀・能登・越中には「藤内《とうない》」という呼称がありますが、なぜ「藤内」というのかは明確にはわかっていません。また、出羽では被差別民が「らく」と呼ばれています。これは「公界《くがい》」が「苦界」に転訛したように、「楽」が転訛した呼称と考えられます。しかし江戸時代にも、東日本は西日本と比べて被差別民の数は少なく、その集落も西日本に比べると規模が小さかったことは事実です。また、先の非人の「長吏」の語は関東を中心に被差別民の呼称に転訛しています。そのほか「野守」「林守」などと呼ばれる被差別民もいたことがわかっています。繰り返しになりますが、江戸時代まで「日本国」の制度の外にあった沖縄、アイヌには、こうした被差別部落は存在しません。現在の日本人は決して一様ではないのです。

　そして、被差別民、被差別部落の呼称はこのように地域によってさまざまであり、その呼称の歴史、それが被差別民の呼称となった理由もさまざまで、決して等し並みには考えられないことを十分に認識しておく必要があります。被差別身分と言えばすぐに「穢多」や「非人」という呼称を頭に浮かべる人が多いと思いますが、それらは全国的に共通した呼称ではないのです。また、「藤内」は同じ北陸でも越前や越後では使われていませんし、出羽以外の地域で「らく」といっても誰も反応しないでしょう。大阪の被差別部落の中で大声で「らく」「藤内」と言ったとしても、実際にはだれも見向きもしないでしょうが、じつは、それは「穢多」とどなったのと同じなのです。

ただ、歴史学においてもこの分野の研究はまだまだ不足していると思います。もちろん戦前から研究はあり、敗戦後の一時期、急速に研究が進みましたが、本格的な研究が進み始めたのは、一九七〇年代後半に入ってからのことだと思います。

とくに最近では、近世に幕府が政治的な意図で被差別部落を設定したというこれまでの通説に対する批判を初め、活発に公然とした議論が行われるようになってきました。状況は確実に変化しつつあると思いますが、研究が進んでさまざまなことが明らかになってくるとともに、逆にいかにこの分野に未開拓、未解決な問題が多いかが、わかりつつあるのが実状です。研究は緒についたばかりなので、今後、広い視野の下で研究を推進しなくてはなりません。

また、被差別民がその生活の中で創造してきたものの大きさについて、さらに考えていくことも、これからの課題として残されていると思います。先ほども述べたように、茶道や華道や能楽の源流は、広い意味で、河原者・非人と呼ばれた人々と不可分であり、こうした芸能の創造にこれらの人々が大きな寄与をしたことは間違いありません。室町時代に完成する美しい庭園も、間違いなく「御庭者」と呼ばれた河原者の創《つく》り出した芸術でした。

また、加賀・能登・越中で「藤内」と呼ばれた人々の中には、「藤内医者」と言われて医者として扱われている人たちがいたことも判明しています。『解体新書』が翻訳されるきっかけとなった人体の解剖を行ったのも、「穢多」と呼ばれた人々だったのです。このように、医学の発達にも、被差別身分の人々が大きく寄与していることは、決して見落としてはならないと思います。その他にも様々な分野で被差別身分の人々の創り出したもの、その遺産が多くあると思いますが、これをさらに追究していくことが必要であると、私は考えています。

Ⅷ　商業用語について

商業取引の高度な伝統

これまで述べてきた被差別身分の問題は、従来の歴史学においては農村に即して考えられてきました。つまり、被差別身分の人々は土地を所有することができないがゆえに貧しく、土地を所有するようになれば賤民の身分から解放されるという考え方が、歴史家の間でも最近まで、常識として通用していたのです。それはやはり、百姓イコール農民という誤った思い込みが深く浸透したことにより、近代以前の日本社会は概《おおむ》ね農業社会だったとされ、あらゆることが土地に即して考えられてきたためだと思われます。

しかし、実際には土地を所有し、財産を持ち、豊かなのに、被差別身分からは解放されていない人々の事例は少なからず見出《みいだ》すことができます。私は、被差別身分の問題は基本的に都市の問題であることは明らかと考えておりますが、百姓イコール農民という図式がもたらした歪《ゆが》みと偏《かたよ》りは根深く、このような問題にまで及んでいたのです。

そうした偏りがもたらした一つの結果として、商工業や金融・流通に関する研究が、社会の中で実際にそれが持つ比重の大きさに比べて、これまで非常に遅れていたことは否定できません。前にも述べたように、前近代の日本経済史の研究は農業を基本として組み立てられており、学術用語も農業に関しては著しく分化し、豊富ですが、その他の生業、手工業・商業などに関する用語はきわめて貧困といわざるをえません。しかし、日本でも中世、とくに十三世紀後半からは、信用経済といってもよいほどに、商業・金融が発達し、さまざまな手工業が広範に展開しており、近世を通じて、商工業は高度の経済社会といってもよいほどに発達していたことは間違いないと思われます。

そのことを証明しているのが、商業に関わる言葉や、実務的な取引の用語には翻訳語がないという事実です。例えばこれから述べるように、「小切手」「手形」「為替」などは中世から古代にまで遡《さかのぼ》ることができる古い言葉なのです。

一方、経済学の用語は資本、労働、価値などほとんどが翻訳語です。「経済」という言葉自体、もともと江戸時代には用いられていた言葉ですが、生活の中で生きていた言葉というより、儒学の流れをくむ言葉です。余談ですが、今は全く違うとはいえ、かつての大学において、経済学部の人たちが西欧の言葉の翻訳語を使って格好良く議論しているのに対して、商学部は〝暖簾《のれん》と前垂れ〟のような旧《ふる》い感覚を残していると見られていたところがあったのではないでしょうか。

しかし、現在も使われている実務的な言葉や商業用語が翻訳語でないということは、江戸時代の社会が商業取引に関しては極めて高度な発達を遂げ、現在でも十分通用する言葉を生み出していたことを示しているのではないでしょうか。

例えば、複式簿記なども十七世紀前半には三井などでは実質上、でき上がっており、山口徹氏の研究によりますと、江戸後期には房総の九十九里浜の地引網の経営でも、複式簿記の発想で帳簿が作成されていたといわれています。明治以後は、それを横書きに直せばよかったのです。それだけの伝統があったからこそ、江戸時代の社会が近代の西欧の商業・金融と接触した時に、直ちに自分たちの言葉で対応し、処理することができたのであろうと、私は考えております。

実際、江戸時代の社会が従来考えられてきたほど閉鎖的でなかったことは、近年広く認められるようになってきました。薩摩《さつま》から琉球《りゅうきゅう》を通じて中国大陸へ、長崎から西欧・中国大陸へ、対馬《つしま》から朝鮮半島へ、松前（北海道）からアイヌを経て北東アジアへと、公式の窓口が少なくとも四つ開かれており、海を越えた交易が活発に行われていたのです。そして、その中で中世以来発達してきた商品・貨幣経済はさらに顕著な発達を遂げ、商業・金融や交通も著しく発展し、近世の社会は城下町だけではなく、列島のいたるところに大小の都市が成長・発展した社会と捉《とら》えられるのではないかと思います。

産業・技術の面でも、確かにヨーロッパで生まれた蒸気機関はなかったにしても、それに直ちに対応できるだけの潜在的な力は十分に持っていたと考えられます。百姓、普通の人たちの生活の中に非常に多様な生業、技術が蓄積されており、それを基盤に高度な職人芸が展開していたのです。このような発展した商業・金融の源流は中世に遡ることができますが、ここでは、それを探る手掛かりの一つを言葉に求めてみたいと思います。

市はどこに立てられたか

最初に「市場」という言葉を考えてみたいと思います。「いちば」「しじょう」と二通りの読み方がされていますが、本来の読みは「いちば」であり、しかも「市庭」と表記されていました。「場」の文字が使われている例は、中世では時代が降《くだ》ってからの文書でしか見出すことができません。同じように「相場」という言葉も、最初は

「相庭」と書かれていました。

古代から中世にかけて、「庭」は人々が共同で何かの作業や生産、あるいは芸能を行う場所を意味していました。狩猟を行う場は「狩庭」、網を引く漁場は「網庭」、塩を焼く浜は「塩庭」、収穫した稲を共同で干す広場は「稲庭」など、さまざまな「庭」が存在していました。民俗学の調査によると、現在も全国各地に「ニハ」という言葉が残っていますが、家の中の土間や家の外で共同作業をする仕事場を指し、地方によっては共同作業をする組織そのものを指すこともあります。

また、鎌倉時代後期の非人たちは、諸国に乞食《こつじき》を行う場として「乞庭」を持っており、多くの鋳物師《いもじ》や商人たちは自らが活動する場として、それぞれに「売庭」あるいは「立庭」を確保していました。また獅子舞《ししまい》は「舞庭」を持っており、このように、「庭」は諸国を遍歴する人々が自らの芸能を演ずる場であるとともに、その縄張りを意味する言葉にもなっていました。

さらに、庭は最高の権力者に直結する場でもありました。「朝廷」も本来は「朝庭」であり、天皇が口頭で訴訟を裁決したり、人々に命令を伝達する広場だったのです。中世に見られる「庭中《ていちゅう》」という言葉は将軍に直訴する手続きのことでしたし、室町時代の「御庭者」も、庭の造園を媒介に天皇や将軍に直接結びつく人々でした。

このように、庭は本来、私的な関係を超えた、特異な空間を表現する言葉だったと考えられます。個人の家の塀や垣根に囲い込まれた現在の庭園とは性質の異なる場と考えなくてはなりません。ですから「市庭」も、「市が立つ庭」つまり共同体を超えた交易の行われる場を示す言葉だったのです。

市が立つ場については近年研究が進み、河原や川の中洲《なかす》、海辺の浜、坂の途中などに市が立ったことがわかってきました。これらの場所は川と陸の境、海と陸の境、そして山と平地の境であり、いずれも「境界領域」ととらえることができると思います。古代に遡ると、椿《つばき》、栃《とち》などの大きな木の下にも市が立っていたという例が知られていますが、これも天と地との境と考えられます。

また、勝俣鎮夫氏によると古来、虹《にじ》が出た場所には必ず市を立てるという慣習がありました。例えば十一世紀初めの藤原道長の日記にそのことが書かれており、その後も室町時代くらいまで、この慣習は続いていたようです。その理由について勝俣氏は、虹はあの世とこの世、天の世界と人間の世界との架け橋であり、その下で交易を行うことによって神を喜ばせなくてはならなかったのだと言っておられます。

私もこの考え方に全く同感で、人々が市を立てた場所はみな、人間の力を超えた聖なる世界と世俗の人間の世界との境であったと見てよいと思います。それらの場所は私流に言えば「世俗の縁の切れる場所」、「無縁」の場であり、そこでは人も物も、神仏の世界、聖なる世界に属し、誰のものでもなくなってしまうのだと考えられます。物と物とを商品として交換するためには、そのようにして一度、物を「無縁」の状態にしなくてはならないと、考えられていたと思います。

つまりそのような世俗の縁の切れた場所、「無縁の場」に物を投げ入れることによって初めて、人間は物を商品にすることができたと言うこともできると思います。普通の生活の中で物と物とを交換すると、その二人の関係はより強く結びつくことになります。例えば、古代では男女がお互いに許し合う仲になると着物を交換し合う風習がありましたが、そのように物の交換、贈与・互酬によって人と人との関係はむしろ深く繫《つな》がるようになります。特定の人の持ち物にはその人の心がこめられており、それを相手に渡すのは、自分の心を渡すことだったのです。また、物をもらうのは相手の心をもらうことになりますから、こうした物の交換は贈与・互酬であり、商品の交換にはならなかったのです。しかし、市庭で交換される物はすでに世俗の縁の切れた物、人の世界から切りはなされた神仏の世界の物になっていますから、全く後腐れがなく、商品として交換することが可能になったのだと考えられます。

更に言えば、そういった人の力を超えた世界に物を投入することで、人は物を

「神」の手に委《ゆだ》ねてしまったのだと考えることもできるのかも知れません。そう考えると、人間が市場を自らの意志で統御しきることは困難であり、事実上、不可能であるという、現代の我々が直面している問題は、実は人類がその出発点からずっと抱えてきているとも思われます。「国々に市あり」といわれているように、『魏志《ぎし》東夷《とうい》伝《でん》』倭人《わじん》の条によって、すでに三世紀、各地に市のあったことがわかりますが、最近の発掘成果は縄文時代の社会がすでに広域的な交易を前提にしていたことを明らかにしており、原初的な市庭はそこまで遡りうると思います。

また、市庭においては、人間と人間の縁も切れると考えられていました。従って、その場所においては男女が世俗の縁を離れて、お互いに自分の最も好ましい相手と自由に性交渉を行うこともできたのです。盆踊りの後などに男女が自由な関係を持つ風習は一九五〇年代まで残っていたと聞いていますが、「歌垣」といわれたそうした慣習が市庭で行われていたことが明らかになっています。それは『万葉集』や『常陸《ひたち》風土記』などの文献からも読み取ることができます。さらに市庭ではさまざまな芸能や博奕《ばくち》も行われており、いわば市庭が都市的な空間の原型であったことも明らかです。

実際、やがてそうした市庭の空間、市の立つときに商人がやってきて、借屋で店をひらくような場の近くに「在家《ざいけ》」といわれた、恐らく酒屋や借上《かしあげ》などの家が並び集まるようになり、本格的に都市が形成されます。

備中《びっちゅう》国の山奥に新見荘という大きな荘園があり、鎌倉時代の末から京都の東寺《とうじ》がその支配者であったため、関係文書が東寺に数多く残されています。その中に、建武元年（一三三四）に作成された「地頭方損亡検見《そんもうけみ》并《ならびに》納帳《のうちょう》」という前の年の年貢《ねんぐ》の収支決算書があります。長さ二十三メートルにも及ぶ長大な文書で、それを読むと中世の商業や金融、その上に立った荘園の代官の経営の実態が非常によくわかるのですが、その文書の中に「市庭在家」という項があります。

それによってみると、この荘園の地頭方市庭には三十間（軒）ほどの在家が建てられていたことがわかります。恐らくそれは金融業者や倉庫業者の家で、道にそって間口の同じ家が短冊《たんざく》形に並んでいたと思われます。こうした在家に住む都市民は「在家人」とよばれました。そしてその傍らの空き地に商人が借屋で店を出す市庭の広い空間があったことも、この文書によって知ることができます。十五世紀になると、そこで酒を買い、昆布や豆腐、狸《たぬき》や小魚などの肴《さかな》を買って酒をのむ飲み屋までができていたことが、史料によって明らかになっています。恐らく遊女のような女性もいたでしょう。そのような形で、市庭に関わる都市が成立していったと考えられるのです。

「手形」と「切符」の誕生

市庭で交易をする際には通常、売り手と買い手とが相対して売買の値段が決められましたが、その行為及び決定した値段は「和市《わし》」と呼ばれていました。話し合いで平和的に値段を決めたという意味を含んだ言葉で、新見荘の文書にも、代官が「市庭」で「四十九俵弐斗弐升四合」の米を一俵あたり三百九十五文の和市で売り、十九貫五百三十文の銭を入手した、という記述が見られます。この「市庭」は穀物の取引が三日・十三日・二十三日の「三」の日に行われる「三日市」だったようで、そのときどきの「和市」が立っています。いわば、のちの相場が立っているので、これは商品流通が広域的に発達していることを示しており、同じころ和市の高い市庭を選んで塩を売っている事例も知られています。これに対して、和市ではなく、強引に値段を決める方法は「押し買い」「押し売り」と呼ばれており、市庭ではきびしく禁じられていました。

時代が降って十五世紀後半になると、和市の他に「相庭」という言葉が使われるようになります。現在の「相場」につながる言葉ですが、市庭で相対で決めた値段というのが本来の意味と考えられます。

また、さきほどの新見荘の文書によって、代官が京都の東寺に大量の銭を送る時には、現銭ではなく「割符《さいふ》」を送ったことがよくわかります。代官の書状の中にもそう書かれているのですが、代官は現銭ではなく、十貫文の額面の「割符」を現地の市庭で入手して都に送っています。「割符」は、はじめは「替文」「かわし」と結びついていましたが、桜井英治氏の研究によりますと、十四世紀には、約束手形・為替手形となり、流通していたと考えられるのです。実際、新見荘でもこのときに十貫文の額面の「割符」が流通していたようで、新見荘の代官は「割符」を何枚も東寺に送っています。つまり、この「割符」は代官が振り出したものではなく、別の人が振出人である「割符」が流通していたと考えられます。

そして、この「割符」を受け取った東寺の人が替銭《かえぜに》屋に持って行くと、現銭に替えることができたのです。その手数料として一貫文につき五十文、従って十貫文の額面なら五百文の「夫賃」がとられます。本来これは人夫が運んだ費用を意味しています。ともかく、一定の比率の手数料まで定められるほど、中世においては手形の送進が安定して行われていたのです。ただ、「手形」という言葉は古い時代の手を押した「手《て》印《いん》」とも関わりがあるとも考えられ、印判などを押した契約書、証明書、信用の根拠になる書類の意味で江戸時代には広く使われ、やがて約束手形・為替手形になっていきます。

「割符」のような手形が生まれたのは、十三世紀後半ごろからですが、このように信用に裏付けられた文書の流通の起源はさらに古く、十世紀の中頃、平安時代後期にまで遡ることができます。

本来、古代の律令《りつりょう》の規定では、調庸などの貢納物は、百姓が担《かつ》いで都まで持ってくることが義務づけられていました。しかし、こうした規定の通りに実施することはかなり早くから無理になり、十世紀半ばにはそれぞれの国の長官である国守が、その国ごとの一定額の租税をまとめて請け負い、責任をもって納入する制度に変わります。そして、さらに国守は自らの任国での租税の徴収を、金融業や運輸業などを業としている富裕な有力者に請け負わせ、さらにそうした請負人たちも、現地での徴収を、一定範囲の土地ごとにそれぞれの有力者に請け負わせるという、いわば請負の重層的なシステムができ上がっていきました。

その場合、国守が朝廷の官司から一定の納税額についての納入の命令を受けると、国守は請負人にこれを立て替えさせて上納しました。その際に、国守から請負人に対して、「国符」あるいは「国司庁宣」という命令書が渡されます。つまりこの文書は、現地の蔵や国守が管理している都の周辺の蔵にあてて、一定額の米、絹などを支出せよ、と書かれた徴税令書です。請負人はそれを持って現地の蔵に行き、その責任者に対し、そこに書かれた額の米・絹などを要求し、徴収するという手続きがとられました。しかし時とともに請負人は次第に専業の請負業者となり、複数の国の徴税を請け負うようになっていきます。おのずと彼らの手元にはあちこちの国の国符や国司庁宣が集まるようになり、彼らは自分たちの独自な組織を駆使して、それぞれの国の蔵から物資を調達しました。

このようにして動いている国符や国司庁宣などの文書が、事実上、手形と同じ意味を持っていることは明らかで、国符や庁宣は一定の分量の米や絹そのものの価値を持っていることになり、やがて請負業者の間で国符や庁宣自体のやりとりが行われ、それが流通するようになっていきます。また、国守が請負人から米や絹を借りて朝廷の官司に納めたことを示す受取の文書「返抄《へんしょう》」も、同じように手形の役割をしました。ただこれらの場合は、国家の保証が行われていることになり、「割符」が国家と関わりなく商人・金融業者の間に生まれて、流通しているのとは質的に違っていることについても、桜井氏が指摘している通り、注意すべきだと思います。

重要なことは、国符は「切符」、徴税のために発せられる下文は「切下文《きりくだしぶみ》」などと呼ばれていたという点です。このように、「切る」という言葉が原初的な手形に関連して、しばしば用いられているのですが、その意味についてはさまざまな議論があり、結論は出ていません。しかしこれを、「世俗の縁を切る」という行為を示していると、考えてみることもできるかもしれません。「切符」や「切下文」は、所有権を問わずに一定の分量の物を支出せよ、「切り出せ」との命令書ということになります。「切られた」ものはそれ自体が「無縁」のものになり、流通可能になるという考え方もあったのではないかと思いますが、これは全く私の勝手な推測で、「切る」という言葉についてはなお広い視野から考えてみる必要があります。

いずれにしても、「切符」が現在の「切手」の源流であることは間違いありません。このような言葉が十世紀頃から使われていたことも案外、現在の日本人は知らないのではないでしょうか。

「手」は何を意味するか

我々が日常的に使っている「切符」や「小切手」などの言葉も、起源をたどっていくと、中世にまで行き着くことをお話しいたしましたが、次に「切手」の「手」の意味について考えてみたいと思います。われわれが何気なしに使っている言葉に、「手」という語が含まれている事例がいくつか挙げられます。

今はほとんど使われていませんが、かつて人夫、車夫などに渡した心づけの少額の銭を「酒手」といったことは多くの方がご存知だと思います。ではなぜ、心づけのことを酒手というのでしょうか。私は、その下に「銭」の語が略されており、「酒手銭」が本来の言葉で、その場合の「手」には交換という意味が含まれていると考えています。

そうした「手」の用法について、事例をあげてみますと、前に「百姓」についてお話しした時に、中世の百姓が負担する年貢は決して米だけではなく、塩、鉄、絹など様々な品目だったと述べました。そして、それが基本的に田地、時に畠《はたち》地の面積を基準に賦課《ふか》されたことにふれました。もちろん、塩や鉄は田畠では生産できませんので、それらを徴収するためには年貢となる特産物と田畠の産物との交易が前提となっていたのです。

塩を年貢としている伊予国弓削島荘の文永六年（一二六九）の文書についてみますと、年貢を徴収する預所《あずかりしょ》や地頭は秋に収穫した米を、形の上ではすべて収納したことにして、それを塩を焼いている百姓に貸し付けています。そして、夏に塩が焼き上がったら貸した米に相当する分量の塩を年貢として差し出すという約束を百姓との間で交わし、その内容を盛り込んだ借用証文を作成しています。もしも納期に間に合わなかったら、子供を質として差し出すという厳しい契約ですが、その際に貸し付けられた米が「塩手米」と呼ばれているのです。また麦の場合は「塩手麦」といわれていました。これは、塩の代わりに先渡しする米・麦という意味であり、この場合の「手」には明らかに交換の意味が含まれています。史料では確認されていませんが、鉄や絹の年貢を田地に賦課していた荘園では、「鉄手米」や「絹手米」などの言葉が使われた可能性も十分にあると思います。

さらに、「人手銭」という言葉も中世の文書（「有浦文書」）の中に出てきます。これは建長六年（一二五四）の文書ですが、銭を借りて人を渡す、いわば人身売買、質入の際の銭ということになります。また、山の木を燃料として塩を焼くかわりに、「山手塩」を納めていますが、これは、山を使用する代わりに塩を払うという交換が行われていたことになります。さきほどの「酒手」も、「これで酒でも飲んでくれ」といって渡したのですから、やはり交換を前提にした銭といえます。

切手の「手」にも、同様に交換の意味が含まれていることは間違いないと私は考えています。切手は「切られる」ことによって「無縁」なものになり、相互に交換が行われるようになった文書を指していたと解釈できるのではないでしょうか。

前にも述べたように、「切符」や「切下文」は国家の保証のもとで発給された手形でしたが、国家の保証なしに商人や金融業者のネットワークの保証によって流通する手形として、「割符」が十三世紀後半から現れてきます。その現物は今のところ一通も見つかっておらず、写しが数点残っています。それがなぜ「割符」と呼ばれたのかは明確にはわかっていませんが、桜井英治氏は、切符に割印が捺《お》されたのではないかと推測しています。室町時代に、幕府と明《みん》との間で交易が行われた際、公的な貿易船であることを証明するために用いられた「勘合符」は、割印を捺した文書を双方が持ち、それを突き合わせていたことが確認されていますが、「割符」も同様だった蓋然《がいぜん》性《せい》は大きいと思います。しかし、そこまで断定することは今のところできません。

また、割符を送る際の送り状・添え状に相当する書状が「替文」「替銭《かわし》」と呼ばれていました。この「かわし」が「かわせ」に転訛《てんか》し、「為替」の字が使われるようになったのは江戸時代以後のことです。

このように、十四世紀にはすでに金融業者や商人の間で手形が自由に流通し、京都や鎌倉などに送金する際には、見知らぬ人の振りだした手形を買って送ることが可能なシステムができあがっていたのです。日本の社会において、安定した信用経済がこの時代から発展していたこと、そしてその中で、商業・金融に関わるさまざまな言葉が生まれていたことを、十分に知っておいて頂きたいと思います。

聖なる金融から、俗なる金融へ

これまでも話の中でしばしば、金融業者といってきましたが、金融の起源も極めて古い時代に遡《さかのぼ》ります。もちろん、「金融」という言葉が使われるのは明治以後のことでしょう。けれども、物を貸して利息をとる行為としての金融は、日本の社会では古代の「出挙《すいこ》」にまで遡ることができます。恐らく、その源流はさらに弥生《やよい》時代から縄文時代にまで及ぶのではないかと思います。

「出挙」は税の源流ともいわれていますが、水田に即していうと、最初に収穫された稲である聖なる初穂を神聖な蔵に納めておき、翌春にそれを種籾《たねもみ》として人々に貸し付けたのです。初穂の種籾には霊力が宿っていると考えられており、人々はそれを用いて稲作を行い、収穫期には神への返礼として一定の利息の稲をつけて蔵に返しました。「利稲」と呼ばれた利息は普通、「五把の利」といわれ、一束について五把、つまり五割でした。かなり利率が高いようにみえますが、一粒の種籾からは何十粒もの米が取れますから、決してそれほど高い利息ではありませんでした。そして、出挙の利稲は税として公共のために使われています。

このように、金融は当初、神物や仏物を運用し、その返礼として利息を神や仏に戻すという形で発生しました。それは世界的に見ても共通しているようです。『日本霊異記』には、米を貸す時には小さな升、返させる時には大きな升を使うなどの不正な方法で過度な利息をとったために、仏罰を受けて牛に生まれ変わった田中真人広虫女という女性の話が書かれていますが、神仏の物を運用するのですから、限度を超えた利息をとることは許されなかったのです。

中世に入ると、初穂は「上分《じょうぶん》」とも呼ばれるようになります。例えば、日吉《ひえ》神社の神に捧《ささ》げられた初穂は「日吉上分物」「日吉上分米」「日吉上分銭」、熊野三山の神への初穂は「熊野御初尾物」「熊野上分銭」などと表現されており、十二世紀頃からそうした上分米や上分銭を元本とした貸し付けが広く行われ、その行為も古代と同様に「出挙」と呼ばれ、また「借上《かしあげ》」ともいわれました。

このような出挙、借上は神仏の物である上分、初穂、初尾を貸し付ける行為ですから、俗人が携わることはできなかったのです。それ故《ゆえ》、日吉上分物は日吉神人《じにん》や山僧、熊野上分銭は熊野神人や山臥《やまぶし》のように、神仏の直属民によって運用されていました。

そこに変化が現れるのは、銭貨が本格的に流通し始める十三世紀後半以降です。この頃から月利で利息を取って銭を貸し付ける「利銭」の金融が始まりました。これは金融の世俗化ともいえますが、本来は聖なる倉庫である「土倉」を管理する人々が、私的な銭の貸し出しを始めたと考えられるのです。月利は百文につき五文、六文くらいが通常で、五文子《ごもんこ》、六文子と呼ばれました。銭は子を生むととらえて、利息を「子」と呼んだものと思われますが、そこから「利子」という言葉も生まれたと考えられます。

さきほども触れたように、古代以来の金融は神物・仏物の貸付ですから、過度に高い利息をとることは認められず、「利倍法」によって規制されていました。利息は元金と同額の一倍、つまり十割までと定められていました。神仏の権威によって、一定限度以上に利息をとることは認められていなかったのです。ところが、十四世紀になると、この法の規制を超えて複利などの暴利をとる「高利貸」が盛んになってきます。そして、室町幕府は金融を公認、奨励しており、『建武式目』には「無尽銭土倉を興行せらるべき事」という一箇条があります。金融を活発にしなければ諸人が困窮するので、無尽銭、土倉のような金融業者を認めたのですが、ここには天皇家や延暦寺《えんりゃくじ》の京都の酒屋、土倉に対する支配に、幕府がとってかわろうとする意図もありました。十五世紀後半にはこれに対する反発も強まり、高利貸は人間の道に反すると痛烈に批判した大乗院門跡の尋尊《じんそん》のような人も現れ、徳政一揆《いっき》が盛んに起こり、借金を破棄する「徳政令」も発せられることになります。

こうした事態は、神仏の権威の失墜の結果であるということもできますが、一方で同じ頃、禅宗系の寺院を中心に、仏物として管理している銭を低利で貸し付ける「祠《し》堂銭《どうせん》」と呼ばれる金融も行われており、また神物である上分銭の貸付もなくなったわけではありません。そして、そうした金融は徳政令の対象にはなっていないのです。このように、室町時代はそれまで聖なる行為だった金融が、世俗化していく過渡期と捉《とら》えることができると思います。

「接待」と「談合」の歴史

商業・金融に関する用語には、これまで述べてきたことだけでなく、他にも非常に古くから使われている言葉が沢山あります。「株式」も、本来は「株」と「職《しき》」ですが、「職」は地頭職、領家職などの職で、得分を伴う職務という意味で平安末期まで遡ります。また「株」は社会の成員としての地位、資格であり、「株式」の語源は中世に遡ることができます。

また、株を売買する際の最初の値段を「寄付《よりつき》」といいますが、これも非常に古い言葉で、「寄る」という語には、人の力の及ばない世界から何かがやって来るという意味が含まれています。例えば、海岸に流れ着いた漂流物は「寄物」と呼ばれ、寄物は神仏からの贈り物なので、勝手に私物化することは許されず、寺社の修理など神仏のために使われなければならなかったのです。株式の取引においても、最初の値段が決まるのは人の力を超えた力によるという感覚があったのではないでしょうか。それから、最後の取引を「大引《おおびけ》」というのだそうですが、これも海の引き潮の香りがします。日本の社会において、取引に関わる用語がこのように海に関わる感覚を背景にしているのも大変に面白いことです。

近年、財界や官界での「接待」や「談合」が問題になり非難を浴びましたが、こうした習慣にも中世以来の長い伝統があるのです。荘園に貴人が訪ねて来た時には、まず集落の境で酒迎《さかむかえ》（坂迎、境迎）を行って酒肴《しゅこう》を供し、次に荘内で「落着《おちつき》」などと呼ばれる酒宴が行われました。この酒宴は三日間にわたって行われ、「三日厨《みっかくりや》」ともいわれていました。こうした酒宴は神との宴の流れを汲《く》んでいると思います。

前述した備中国新見荘の文書には、元弘三年（一三三三）十二月に国司の上使が荘に入部（領地内に入ること）して来た時の接待の内容が記されています。それによると、この上使の人数は八十三名という大勢で、そのうち馬に乗っている人が二十一人、徒歩の者が六十二人もいました。代官は清酒や白酒を買い、更に市庭で兎《うさぎ》、スルメ、大根、大魚、鳥（雉《きじ》）などを買って、酒肴を調え、朝夕に酒を出してもてなしています。

更に、馬にも粥《かゆ》や豆を食べさせ、三貫文で恐らく織物などを買い、引出物として渡したと記されています。

このように酒宴を催し、余計な口出しをさせないで無事に荘から出ていってもらうのが、代官として最も賢明なやり方だったのです。また、そのためにかかった費用、交際費は、必要経費として年貢《ねんぐ》から落とせるという点でも、現在と何ら変わりありません。

こうした饗応《きょうおう》は「供給《きょうきゅう》」とも呼ばれ、日本の社会に古くから深く根づいた習俗で、その際には土地の特産物を引出物として贈ったり、『今昔物語集』の芋粥の話にも見られるように、時には女性が提供されることもあったようです。

また、正月に百姓と一緒に酒を飲む時の費用も、代官は必要経費として年貢の中から支出することが認められていました。百姓に事無く年貢・公事《くうじ》を納めさせることは当然、代官にとって最も重要な仕事であり、そのために正月や、年貢が倉に納められた「倉付」の時には大盤振る舞いをしたのです。この新見荘の文書には、正月二日に百姓が年貢として納める大豆から「唐布」、つまり豆腐を作って、肴《さかな》にして酒を飲んだことが記されています。同じころの若狭《わかさ》国太良荘《たらのしょう》の地頭代は、正月の酒宴の酒を百姓に渡さず、酒かすの汁しか与えなかったことを理由の一つとして、百姓によって追放されており、いかにこの酒宴の意味が大きかったかがよくわかります。

またこの頃には、新見荘の市庭は多くの在家の集中している都市になっていますが、十五世紀になると酒肴を売る飲み屋も生まれていたようです。そして、代官はそこで近辺の有力者を接待するようになっています。しかし、過度な接待を行うと罷免《ひめん》されてしまいますから、そこには自《おの》ずからある節度が保たれていました。

近年、「官官接待」が問題となりましたが、それが節度なく行われていた点が世の非難を浴びたのだと思います。しかし、接待の否定的な面のみを強調するのではなく、日本の社会の中で接待がどのような時に、どのようなやり方で行われ続けてきたのかを考えることも、必要なのではないでしょうか。

同じことが「談合」についても言えると思います。この言葉も中世以来、広く使われていますが、民俗学者の宮田登氏の調査によると、中央自動車道の「談合坂」のように、談合という地名は全国に何箇所もあり、元来は相談事が行われた聖なる場所なのだそうです。何かを相談し取り決める時には、神仏に関わりのある場所で行われ、しかもその場合に宴会が伴うのが普通でした。神の前で共食しながら、談合を行い、神に互いの約束を誓うという伝統があったことは間違いありません。

それ故、江戸時代までは談合が商業取引において当然のこととして行われていたと思われます。近代になって談合は表舞台から姿を消し、陰の世界で行われると共に、神の前での相談という本来の伝統も、忘れ去られてしまったのです。

近代以前の日本の商業・金融は、われわれが思っているよりもはるかに高度な発展を遂げていたと思います。十四世紀頃の荘園・公領の地頭の代官は、「泣く子と地頭には……」という諺《ことわざ》のような暴力的・強圧的な支配を行っていたわけではなく、市場での相場を見て売買する能力や、安全な手形を入手する方法、有力者を接待したり百姓と付き合って年貢を事無く納めさせる力量、更に経営の結果を帳簿にまとめて決算書を作る能力などを持っていなくてはならなかったのです。そうした能力は長い間に蓄積されて、江戸時代頃には非常に高度なものにまでなっていました。

そうした成熟した商業・金融の発展があったので、六、七百年前から使われていた言葉が、高度な資本主義社会となった現在まで生きつづけているのではないかと思います。

Ⅸ　日常用語の中から

誰のものでもない「落とし物」

史料を注意深く読んでみると、われわれが日常生活の中で普通に使っている言葉に、実は意外な意味が込められていたり、現在われわれが理解しているのとは異なる意味で用いられていた場合が数多くあることを、理解して頂けたかと思います。中世にまで遡《さかのぼ》ると、そのような事例は案外、沢山あるのです。

前回には「切る」「寄る」などを取り上げて、それらの言葉の本来の意味について私の考えを述べましたが、今回もそれに類する動詞の問題を考えてみたいと思います。最初に取り上げるのは「落とす」という言葉ですが、以前にもご紹介した『ことばの文化史〔中世1〕』（平凡社、一九八八年）という本の中で、勝俣鎮夫さんがこの語について優れた考察をされています。それによると、「落とす」には大変に面白い意味が含まれていますので、この勝俣さんの研究に従ってお話ししてみたいと思います。

勝俣さんはまず、中世の記録や文書でしばしば用いられている「落とし取る」という言葉に注目しています。「細川方へ罷《まか》り上る四国船の雑物、紀州海賊落し取る、畠《はたけ》山《やま》下知と云々《うんぬん》」（「大乗院寺社雑事記」明応三年二月二十五日条）などの用例からわかるように、「落とし取る」という語は何物かを奪う、没収するの意味で使われていました。それでは、なぜ「落とし取る」ことが「奪う」ことになるのでしょうか。

中世においても、「落とす」は基本的には現在と同様に、物が上から下へと空間的な位置を急激に変化させる、落下の意味で使われていました。しかし、さらにその根源をたどると、ある物を「落とす」という行為には、それによってその物に対する所有者の権利を切り離すという意味が含まれていたようです。「切る」とは世俗の縁を切る行為であり、「切られた」物は、様々な因縁から自由になり、流通可能になると述べましたが、それに共通する感覚が「落とす」にもあると言えると思います。

つまり、「落とした」物は誰のものでもない無主物となり、いうなれば神仏の物となってしまうのです。「落とし取る」とは、本来はある物の所有権を一旦《いったん》切り離して、無主物にしてから取るという行為でした。従って、「奪う」「没収する」と同義の語として使われたものと考えられます。

現在でも、柔道で絞め技をかけて相手を気絶させることを「落とす」と言います。勝俣さんは、それは「身体に宿っている精神を分離させ、自分が自分であることを意識できない」「落ちた状態」にすることであり、中世の「落とす」の用法に近いと説明しておられますが、私も全くその通りではないかと思います。

また古来、「落とし物」は無主物なので拾った者の得になるとされてきました。「落ち穂拾い」も同様で、収穫の後に田畠に落ちている稲などの穂は、誰の物でもなく神の物なので、貧しい者が拾うことを咎《とが》めることはできないと考えられたのです。しかし、同時に落とし物は無主物であり、神の物であるがゆえに好き勝手に使うことはできませんでした。現在の社会でも、落とし物はまず警察に届けて、一定の期間を経過すれば拾い主の物になると定められていますが、これもその感覚を継承していると思われます。

神の意思を集約した「落書」

更に重要な問題は、「落とす」という行為は山や海、道や泊（港）といった特定の場所で行われることが多かったということです。例えば、「山落《やまおとし》」という言葉がありますが、これは山賊のことを意味していますし、「追落《おいおとし》」という言葉は路上での追剥《おいはぎ》のことを指しています。また、「初泊において国師（司カ）方荷物落す」（「大乗院寺社雑事記」延徳三年六月晦日条）のように、泊で落とす行為が行われた例も見られます。

勝俣さんは、それらの場所ではある特定の時間には全《すべ》ての物が「落とされ」て、無主物になるという状態になったのではないかと考えておられます。山に関して言えば、何者かが山の神の怒りをかうと、山という空間の中が通常と異なる状態になり、山中に存在する全ての物体が「落とされて」、山の神に帰属する形になります。これが「山落」ですが、その状態の時には、山中にいる人の物を奪い取ることを山の神も認めるという感覚が、中世の社会にはあったようなのです。そのような神の権威による「山落」を名目にして人為的に行った略奪行為が、「山落」あるいは「追落」と呼ばれたのであろうと勝俣さんは推測していますが、これは非常に適切な解釈と思われます。

時代は降《くだ》りますが、戦国時代に東北の伊達《だて》氏が『塵芥集《じんかいしゅう》』という分国法の中で、興味深い法令を出しています。当時の社会では、狩人が狩りをしている時には、山の中を往来している人の物を奪うことが習慣として認められていました。ところが、それを悪用して狩人と称して山賊行為を行う輩《やから》が現れたため、規制する法令を出したのです。その内容は、一定の場所から三里以内の道では物を奪い取ることは許さないが、その先の山中で狩人が往還の人々から物を取る事は認める、というものでした。

現在の常識から考えると、物を奪い取ることを認める法令など理解しにくいのですが、これも「山落」の一つの例と考えればわかって頂けるかと思います。すなわち、山中で狩りが行われている時は、その付近は山の神が支配している状態であるため、そこを通る人々の持ち物は「落とされた」物として奪い取ることが可能だったのです。「落とす」の用例としては、それ以外に「落書《らくしょ》」という言葉があります。村や荘園あるいは寺院などの中で犯罪が発生して犯人が不明である場合に、構成員全員が起請文《きしょうもん》を書き、その中で犯人を指名するという一種の無記名投票が行われました。その結果、指名された数が多かった者が本当に犯人にされてしまうのですから、考えてみると非常に恐ろしい方法ですが、実際に行われた形跡がいくつか文書として残っています。その無記名投票のことを「落書」と呼んでいるのですが、この文書は、神に誓って嘘《うそ》は言わないと宣誓した上で書かれています。その時点で、書かれた物は書き手から切り離されて「落とされた」状態となり、そうした「落書」が拾われることによって神の意思を集約することができると考えられたのだと思われます。現在の無署名の「投書」にも同様な考え方が流れており、「投げる」は「落とす」と同じ意味があったのでしょう。

「落書」と言うと、「このごろ都にはやるもの……」という書き出しで建武の新政を徹底的に皮肉った、「二条河原の落書」などを思い浮かべる方も多いと思います。これは、世の中や為政者を諷刺《ふうし》する内容の匿名《とくめい》で書かれた文書のことですが、これもまた文書の内容が書いた人の意思から切り離されていることを表現するために、「落」の字が使われたと考えることができます。このように、「落とす」ことにより、書き手の意思から離れ、それを拾うことが神の意思であるとされた文書という意味で「落書」と呼ばれたという勝俣さんの解釈が、歴史家の間では広く認められた意見になっています。

こう見てくると、「落とす」には、前回で簡単に説明した「寄る」とも通ずる意味が含まれていることがおわかり頂けるかと思います。海岸に流れ着いた「寄物」は、人の力の及ばない海流によって運ばれてきた物なので、先ほどの「落とし物は拾い得」と同じ意味合いで、拾った者の所有権が認められました。

江戸時代の史料には、怪我《けが》などによって身動きができなくなった鯨が浜辺まで浮遊してくる「寄鯨」の事例がよく出てきます。この場合も、流れ着いた浜辺の村に住む人々が鯨を捕獲することができるのですが、その権利をめぐって二つの村の間でしばしば争いが起こっています。先に発見して「寄鯨」を自分たちの浜辺に引っ張りこんだ方が勝ちなのですが、引っ張りあいをして譲らないようなケースも出てくるわけです。

更には、嵐《あらし》などで破損した船が港に近寄ってきた際に、港の人がその船を引っ張り込んで、積荷を全て「寄物」として差し押さえてしまうような事態も生じています。漂着した船が無人である場合には、「漂蕩船《ひょうとう》」としてその浦の人々が所有して構わないという慣習があったのですが、人が乗っており、しかも漂蕩までいかない状態でも、無理矢理「漂蕩船」にして港に引っ張りこんでしまうこともあったようです。それに対して、荷物を差し押さえられた側が不当だとして訴訟を起こした事例もいくつか確認されています。

いずれにせよ、浜辺に寄ってきた物は誰の物でもなく、神からの贈り物であるという感覚が人々の間にあったことは間違いありません。ただ、本来は神の物である以上、拾ったからといって勝手に使うことは許されなかったのです。戦国時代の頃に「廻船式目」という廻船人たちの慣習法を集大成した法が作られています。その第一条でも、寄物は神物・仏物であるから、必ず寺社の造営や修理のために用いなくてはならない、と規定されています。

実際、九州の宗像《むなかた》社では数百年前の古くから芦屋津《あしやづ》の新宮浜に漂着してくる「寄物」によって修理が行われていたことが、神社に伝わる寛喜三年（一二三一）の文書(官宣旨《かんせんじ》)によってわかります。港がまだ十分に整備されていなかった時代には、沖合の玄界灘《げんかいなだ》で船が難破することが多かったため、近くの浜辺に流れ着いた漂着物を拾って修理を行うことが可能でした。それだけ多くの船が航行していたことも大変面白いことですが、鎌倉時代の初め頃に勧進上人《しょうにん》の往阿弥陀仏《おうあみだぶつ》によって港が完成すると、「寄物」が減少して修理が困難になってしまったため、宗像社に田地四十町を与えて修理に充《あ》てることにした、という文書が伝わっています。これは「寄る」の本来の意味を考える上で、非常によい例になると思います。

土の中は異界だった

「落とす」に関連した動詞としては、その他に「埋める」という言葉についても考える必要があります。近年、日本の各地で埋蔵銭が発掘されて話題になっていますが、土の中に物を埋める行為に、いかなる意味が込められているかという問題は現在、研究者たちの間で議論の対象になっています。

大量の埋蔵銭が出土したので有名なのは北海道の函館の志苔館《しのりだて》史跡付近で、大きな珠洲《すず》焼の甕《かめ》から三十万枚以上の銭が掘り出されました。持ち去られた形跡もあるので、実際には五十万枚くらいあったのではないかと推定されていますが、その他にも何万枚という単位で銭が埋められていた事例が各地でいくつも発見されています。

そのような埋蔵銭に対する解釈は、考古研究者や歴史研究者の間で、はっきりと二つに分かれています。一つの考え方は、人に隠して大事に貯《た》めておく目的で埋められた「備蓄銭」と捉《とら》える解釈です。テレビなどでもよく話題になる「埋蔵金」になぞらえて、戦乱の際などに銭を保存するために人目につかない場所に隠したのだという考え方で、従来はそれが多数派でした。

しかし、私は全ての事例をそのように解釈することには疑問を持っています。その理由は、銭が出土する場所が人里離れたところである場合が少なくないからです。志苔館でも、館《やかた》の下の方の銭亀沢《ぜにかめざわ》という全く人気のない河口から見つかっていますし、それ以外の場合にもしばしば山の中腹や人家のない場所などから出土しています。そのような場所に大切な銭を埋める理由が見当たらないので、すべてを備蓄銭とは考えにくいのです。

それに対して、何らかの呪術的《じゆじゆつてき》な意味で埋められた銭であると考える説もあり、「埋納銭」という表現が使われていますが、私はどちらかといえば、この説に賛成です。それは、土の中は異界なので、埋められた物は人の手から切り離されて無主物になってしまうからです。土の中に物を埋める行為には、「落とす」と同様に、埋めた物を神仏の物にするという意味がこめられていたと考えられます。実際に、石川県の鶴来《つるぎ》から出土した銭が納められていた箱には、神仏への供物《くもつ》という意味の言葉が書かれているのです。

中世の史料の中で、埋蔵銭が掘り出された時の様子を伝えた文書が「東寺百合文書《とうじひゃくごうもんじょ》」の中に二通だけ知られています。二通とも若狭国太良荘《わかさのくにたらのしょう》に関係する文書なので、軽々に一般化することは困難ですが、いずれも埋められた物が無主物になることを示唆《しさ》しており、これは決して偶然ではないと私は思っています。

一通は、建武二年（一三三五）に石見房覚秀という熊野三山僧の借上《かしあげ》が二十五貫文の銭を掘り出した時の話で、それを聞きつけた若狭国の国司と守護が荘に入部してきて、検断を行い、銭を差し押さえ、覚秀をとらえようとしました。それに対して掘り出した覚秀は、拘束されることをおそれて京都に上り、荘園の支配者である東寺供僧《ぐそう》にその銭を献上し、これは熊野神社の「御初尾物」であるといって、処分を委《ゆだ》ねたのです。二十五貫文の銭は二万五千枚になりますが、決して少ない額ではないので、献上された東寺の供僧たちもその対応に苦慮し、配分をめぐって長々と議論しています。様々な先例を勘案しながら行われたそのときの議論の内容が、全て文書にされて残っているのです（「東寺百合文書」ヱ函）。それ自体、大変に興味深い文書ですが、重要なのは出土した埋蔵銭を、公的な権力、国司・守護が差し押さえようとしている点です。それは、掘り出された銭が「落とし物」と同様に無主物になったからで、無主物を私物とすることは非法であり、公的権力が管理することが必要だったからだと思います。

もう一つは傑作な例ですが、応永二十五年（一四一八）、太良荘にやはり守護代が入部した時の話です。守護代は、前々年に百姓たちが狸《たぬき》を捕るための穴を掘ると称して、実際は銭を掘り出したと聞きつけ、その銭を差し押さえるために荘に入り、検知した上で百姓を逮捕したのです。ところが、百姓たちは、本当に狸の穴を掘ったので銭など出てきていないと怒り、訴えを起こします。その訴状が残っているのですが（「東《とう》寺《じ》古《こ》文《ぶん》零《れい》聚《しゆう》」）、この時もやはり公的権力が埋蔵銭を差し押さえようとしています。ですから、埋蔵された物が掘り出された場合、それは無主物であり、私物化は許されないという法意識が、この当時の社会に通念としてあったことは、間違いないと私は考えています。

それは、土の中が異界であると考えられていたからで、そのことは埋蔵銭以外の例でも確認することができます。平安時代末期から室町時代にかけて、数多く作られた「経塚《きようづか》」もその一つです。お経を青銅器などの容器に入れ、さらに焼き物に納めて土の中に埋めるという行為が、特に平安時代の中期以降非常にさかんに行われました。それは、地下の世界は仏の世界に通じているので、経を埋めることによってそれを仏に捧《ささ》げようとしたものと考えられます。

実際、埋められた経筒の署名や経塚の銘文には、「日本国」と書かれている場合が多いのです。例えば藤原道長は「南瞻部洲大日本国左大臣正二位藤原朝臣道長」とフルネームで署名していますが、「日本国」という国号は、基本的に外国に対して用いられた国名であり、当時は外交文書などの中でのみ使われていました。『今昔物語集』の説話の中でも、地獄に行った男が閻魔《えんま》大王に「どこから来た」と問われた時に「日本国から来た」と答えており、また龍宮城《りゅうぐうじょう》の龍王の前に出た人も同じように「日本のものだ」と答えています。この用例も「日本国」が外国、異界に対して使われた国名であることをよく物語っています。それ故《ゆえ》、経筒に「日本国」と署名されているのは、土の中が異界と考えられていたからにほかならないと考えられるのです。土の中に銭を埋めると、それは異界のもの、神仏のものになり、「無主物」になってしまいますから、単純な備蓄銭などには決してなりえないと私は考えます。

しかし、それでもなぜ異界である地中に銭を埋めたのかという疑問は、依然として残ります。それに対しては私も明確な答えを持っておりません。一つの有力な見方は、その場所、土地を利用するための代償として銭を神仏に捧げる意味があったという考え方で、これを埋納銭といっています。更に私流に推測を重ねてみると、土の中に埋めて無主物、神仏の物になった銭は、人に貸して利息をとる資本にすることができたのではないか、ということになるかもしれません。

前回にお話ししましたが、古代・中世において、金融は神物や仏物を資本として運用し、神仏への返礼として利息を取るという形で発生しました。つまり、資本は本来は私的なものではなく、社会的な意味を持ったものとして出発したということになります。ですから、「資本主義」という言葉も、今は私的所有にのみ関連して考えられていますが、別な考え方も十分にできると思います。

そしてそうした観点から考えると、私的な財産として貯めた銭は、一度地下に埋めて無主物にしてから、商業・金融の資本にすることができたと考えることができるかもしれません。しかし資本として活用するために銭を土の中に埋めたというのは全くの私の推測であり、今のところ学界では認められていませんが、「埋める」の意味を突き詰めて考えていくと、そのような解釈も成り立ちうると私は思っています。

「募る」の三つの意味

中世の文書を読んでいると時折、現代語に翻訳することが非常に難しい言葉に直面する場合があります。動詞の中でもたとえば「募る」という言葉は、大変に翻訳が難しい語の一つです。

中世の史料に見られる「募る」の語には、いくつかの意味の異なる用例があるので、それをいかに訳せばよいのか大変に戸惑うことがあります。笠松宏至さんが『ことばの文化史〔中世2〕』(平凡社、一九八九年)の「募る、引き募る」という論稿(笠松氏『中世人との対話』所収、東京大学出版会、一九九七年)で、この問題を詳細に追究しておられますので、以下はまったくこの論稿に依拠して述べてみます。

笠松さんによると、様々な用例の中で比較的わかりやすいのが「権威に募る」「御威勢に募る」「神威に募る」などの「威」を含む言葉と共に用いられている表現です。「募る」の使い方としては、これが圧倒的に多く、笠松さんは「(権威などを)笠《かさ》にきて」と訳すのが最も適当であるといっておられます。ある文書の事例では「募」を「仮」に書き直しており、笠松さんはここから、第三者の権威を「仮る」とは、すなわち権威を「笠にきて」「ふりかざす」行為と解釈することができると指摘しておられます。ですから、このような用例の場合、「募る」の前に「恣に《ほしいまま》」「猥りに《みだ》」などの副詞が置かれ、「募る」ことの不当性が強調されることの多いのが特徴です。

しかし、「募る」にはそれ以外にも「用途に募る」「得分のうち、半分を募る」などの用例も少なからずあり、これも現在の言葉に置き換えることが大変に難しいのです。「用途」は費用のことで、「得分」は収入を意味していますので、この用例はそれぞれ

「費用に募る」「収入のうちの半分を募る」ということになるのですが、そのままでは意味をとらえることができません。しかしその他の多くの用例から推測してみると、この「募る」は、なんらかの物権のすべて、あるいは一部をある目的に充当させることを意味していることがわかってきます。ですから、先ほどの二例は「費用に充てる」、収入の半分をなんらかの目的に充てる、贖《あがな》うと解釈することができます。また、この「募る」の場合には「免田に引き募る」のように接頭語の「引く」がついた用例がしばしばみられますが、これは「強いて免田に充てる」と解することができます。

しかし、それではなぜ「権威を笠にきる」と「贖う、充てる」が同じ「募る」という言葉で表現されているのでしょうか。それを説明することは難しく、今のところ結論は出ていないと言っても構わないと思います。さらに厄介なことに、この二つの語義を含む「募る」が見られるとともに、現在の一般的用法である「募集する」の意味でも「募る」は使われていると思われます。鎌倉時代の文書に「二人の草刈りを募りて」という用例がありますが、これは「草刈り人夫を二人募集する」という意味であると考えて差し支えないでしょう。

このように、中世の文書に出てくる「募る」という動詞には、さまざまな意味が含まれていたことがわかるのですが、その意味を統一的に理解することは、容易ではありません。ですから、「募る」の語は、同じ言葉であっても、史料のその前後の文意に即して慎重に読み解いていかないと間違いを犯すことがありうることを示す好例といってよいと思います。

「がいな」と「あたん」

次に、中世に起源をもち、普通に使われていた言葉が、「方言」として現在まで地域に残っている事例についてお話ししたいと思います。

たとえば「がいな」「がいに」という言葉ですが、これはどちらかといえば西国地域の言葉であり、東日本の人々には馴染《なじ》みが薄いと思います。

しかし西日本の人々が「あの男はがいな奴《やつ》だ」と言えば、それは「あの男は乱暴者だ」あるいは「あの男は強情でわがままな奴だ」という意味になります。興味深いことに、この「がい」という言葉の起源をたどると「雅意」という中世の言葉に辿《たど》りつくのです。

中世の文書には、しばしば「雅意に任せて」という表現が見られます。「我意」と表記されている場合もありますが、むしろ「雅意」の方が普通なのです。この「雅」の文字には「もとより」「本来」などの意味が含まれています。従って、「雅意」の本来の意味は「普段から持っている気持」だったのですが、それが、「思い立った心のままに」の意で使われるようになり、さらに「自分勝手な考え」「勝手気まま」などの意味へと転化していったものと考えられます。実際、中世においても「雅意に任せて」は、「わがまま勝手に」というマイナスの感覚で用いられた表現でした。

その「雅意」の文字がいつの間にか忘れ去られて、「がいな」という音《おん》だけが主に西国地域の言葉の中に残り、今でも使われているのです。東国でも私の出身地の山梨では、「げに」という言葉が使われます。非常に程度の甚だしい状態を指す場合に使われるのですが、この言葉なども恐らく「がいに」から派生したのであろうと私は考えています。

このように、「方言」、地域の言葉の中には意外に起源の古い言葉が沢山あるのです。もう一つ例を挙げますと、これも西日本の「方言」で、「あたん」という言葉があります。「誰々が誰々にあたんする」という言い方を、今でも関西の一部の人々は会話の中で用いるようですが、方言辞典などで調べると「ひそかに復讐《ふくしゅう》する」「意趣返しをする」などの訳が記されています。

また笠松宏至さんの本の引用になりますが、『法と言葉の中世史』(平凡社ライブラリー、一九九三年)という中世の言葉に関連した名著があり、その「おわりに」の中で笠松さんが「あたん」についてふれています。笠松さんは子供の頃、母上がよく「誰さんが誰さんにあたんして……」と言っていたのを覚えており、それが母上の出身地の和歌山の「方言」であることはわかっていたのですが、その後、歴史を勉強するようになってから、文書の中に「阿党」という言葉を発見します。そして、「あたん」が「阿党」の訛《なま》りであることに気づき、大学院のゼミで指導教授の佐藤進一先生にその事をお話ししたところ、先生が早速それを一枚のカードに記入され、「思いがけない親孝行をしたような気になってひどく嬉《うれ》しかった」と書いておられます。恐らく関西の研究者の中には、日常的にこのことに気がついておられた方もいたのでしょうが、私にはこの笠松さんの話が大変勉強になりました。

確かに「阿党」という言葉は中世の文書にはよく出てきますが、国語辞書で引いても字義の通りの「おもねり与《くみ》する」という意味しか書かれていないのが普通です。しかし、多くの場合、絶対にその意味では理解できない文脈で使われており、むしろ、ある人物が別の人物に対して害を与えようとするという場合に、「阿党」の語が使われているのがほとんどなのです。

この文脈の「阿党」も恐らく、当初は「悪事陰謀に与する輩《やから》」という意味で用いられたのではないかと思われますが、やがて、ひそかに復讐する、意趣返しをする、更には相手に害を与えるなどの意味に変化して使われるようになっていったと推測されます。

そして、長い年月の間に「あたん」に転訛《てんか》して、「方言」の中に残ったものと考えられるのです。全国の地域的な言葉を調べると、このような事例は案外数多く発見できるのではないかと思います。

中世における「自由」とは

最後に、中世以前にまで遡《さかのぼ》ると、現代とは大変に異なる使われ方をしていた言葉の代表的な例として、「自由」「自然」「支配」の三つの言葉についてお話しして終わりにしたいと思います。これらは、いずれも中世の文書を読み解いていく上で最も誤りを犯しやすく、そのため大学院の試験問題などにもよく出題される言葉です。本気で中世を勉強してきた人は絶対に間違いませんが、言葉を軽視してきた人は致命的な誤りを犯してしまうのです。しかし逆に言えば、それが使われていたときの言葉の意味を正確にとらえながら中世の文書を読み解いていくと、予期しない世界が開けてくることがあるわけで、そこに「歴史」という学問の面白味があるとも言えると思います。

「自由」については、これまでにも様々な議論が行われてきています。我々が現在使っている「自由」は通常、フリーダムあるいはリバティの翻訳語と理解されています。しかし、この言葉自体は実は非常に古くから存在しており、しかも現在の意味とは全く異なる用いられ方をしていたのです。

この言葉に関する論文は津田左右吉氏の「自由といふ語の用例」(岩波書店『津田左右吉全集』第二十一巻所収)、新城美恵子氏の「『自由』の語義の変遷《へんせん》にみる思想史的意義」(「法政史学」二十五号、一九七三年、同氏著『本山派修験《しゅげん》と熊野先達』岩田書院、一九九九年)などがありますし、柳父《やなぶ》章氏の『翻訳語成立事情』(岩波新書、一九八二年)という本には、英語の freedom, liberty あるいはオランダ語の vrijheid (フライハイト) の翻訳語として「自由」が使われ定着していく経緯とその問題点について詳しく言及されています。

また、佐藤進一氏の『〔新版〕古文書学入門』(法政大学出版局、一九九七年)は中世の古文書に現れる用語が広範に解説されており、中世あるいは前近代の社会を理解するための多くの手掛かりを与えてくれる優れた本ですが、その中で「自由」は「わがまま勝手の意。慣習、先例、法令など秩序を形づくっているものに逆らい、乱そうとする行為はすべて『自由の……』として非難された」と解説されています。

このように、「自由」は中国大陸から入ってきた言葉ですが、元来は専恣《せんし》横暴な振る舞いをするという語義で、専《もっぱ》らマイナスの価値を示す言葉だったのです。中世の「二条河原の落書」で用いられた「自由狼藉《ろうぜき》の世界」などの表現は、そのことを端的に物語っていると言えます。

それが違った意味で用いられはじめるのは、鎌倉時代に禅宗が日本に広まってからのことのようです。禅宗の世界では、思うままになる、制約を受けないなど、多少なりともプラスの評価を含む言葉として「自由」の語が使われていました。実際、十六世紀に入ると、「自由」に対する否定形として「不自由」という言葉が文書の中に現れます。「自由」がマイナスの評価のみの言葉であるならば、「不自由」という言葉が生まれるはずはありませんから、「不自由」の語の登場は「自由」が積極的なプラス価値を持つ語として用いられはじめたことを示していると言ってよいと思います。そして、江戸時代にはそうした禅宗系の用語としてのプラス価値の「自由」と、わがまま勝手の意のマイナス評価の「自由」の語が並行して使われていました（阿部謹也・石井進・樺山紘一・網野『中世の風景』（下）中公新書、一九八一年）。

明治になって、福沢諭吉は『西洋事情』の中で、フリーダム、リバティを「自由」と訳していますが、その際にも「原語の意味は、日本語の我儘放盪《わがままほうとう》で、国法をもおそれぬという意義の語ではない」とわざわざ断っています。福沢はフリーダム、リバティの訳語として「自由」は必ずしも適切ではないと考えつつも、民衆の日常語となっていた「自由」を用いたのであろうと、柳父氏は『翻訳語成立事情』の中で指摘しています。

その頃には、「自由」以外にも「自在」「自主」「不羈《ふき》」など様々な訳語が用いられましたが、結局いずれも定着はしませんでした。柳父氏は「私たちの持ち合わせのことば、日本語で、この西欧語を翻訳するのは、いかにむずかしかったか」と書いていますが、まさしくその通りだったのだろうと思います。西欧の「自由」と全く同じ意味の言葉は、日本には存在しなかったとすら言えるのではないでしょうか。

かつて私は『無縁・公界・楽』（一九七八年、後に平凡社ライブラリー、一九九六年）という本の中で、日本の中世における「自由」を表現する言葉として、「無縁」という語があるのではないかと考えてみたことがあります。中世には、「無縁所」と呼ばれる寺が全国各地に見られましたが、この寺は世俗の縁の切れた寺で、そこに入ると俗世間の婚姻関係や貸借関係が断ち切られる西欧の「アジール」と比較しうる寺院と考えられます。そこで、「無縁」という言葉自体について考えてみたのがこの本ですが、「無縁」の語感のためか、この本は本屋さんで葬式に関する本の棚に並べられたりもしたのだそうです。しかし私は本気で「無縁」という言葉には、世の中のさまざまな世俗的な関係をすべて断ち切った「自由」という意味が含まれていると考えています。それは西欧の「自由」と近似したところのある言葉だったことは間違いないと、いまも思っています。

もちろん、そうだといってもフリーダムの訳語として直ちに「無縁」を用いるわけにはいきませんし、ここまで定着した翻訳語としての「自由」を変更することなど不可能ですが、この言葉を使う上で考え直すべき余地がいまだに残っていることは否定できません。現在は「自由主義」のように、「自由」は基本的にプラスの価値を持つ言葉と考えられています。それでもなお、勝手気儘というマイナスの語感がつきまとっており、「自由主義」が否定的な文脈で使われる場合も少なくないことは事実です。これは日本の社会の中での「自由」の語の本来持っていた意味がいまも生きつづけているからにほかなりませんが、「自由」が非常に基本的な言葉であるだけに、日本の社会の中での意味を十分認識した上で、使う必要があると思います。

「自然」という言葉には古くから、「しぜん」と「じねん」の二通りの読み方がありました。これも文書を読む場合に注意が必要とされる言葉の一つです。「しぜん」と読む場合を挙げると、例えば「自然上野佐渡守恣之儀雖申之」（自然、上野佐渡守ほしいままの儀、これを申すといへども）という文章が、ある文書の中に出てきます。この「自然」を現在われわれが使っている通りに「おのずから」と訳し、「おのずから上野佐渡守が勝手なことを言っても」では、全く意味が通らないのです。

この場合にはむしろ逆に、「もしも、万が一」の意味で用いられており、「万一、上野佐渡守が勝手なことを言ったとしても」と訳すべきなのです。そして、中世の文書の中ではこの意味で使われているケースが圧倒的に多いと思います（前掲、佐藤氏『〔新版〕古文書学入門』）。岩波書店の『古語辞典』では、「人力で左右できない事態を表わして」「万一のこと。不慮のこと」の意味が生じ、副詞として「万一。ひょっとして」の意で用いられたと説明されていますが、まったくその通りだと思います。

ところが、「じねん」と読む場合には、「おのずからそうであること」という現在の意味に近い語として用いられています。ですから、いずれの意味で用いられているかを古文書の文脈の中で判定することは、実はなかなかむずかしいのですが、中世文書の場合、「自然」は「もしも、万が一」と訳した方が間違いは少ないと思います。

「自然」がそのような「おのずから」という意味を一面で持っていたことを考慮に入れると、英語のネイチャーの翻訳語として「自然」が使われたのは、不適切ではなかったと考えることもできます。しかし、現在の「自然」という語から、「万が一、もしも」という意味が消えてしまったことも間違いのない事実です。このように、欧米の言葉を翻訳する際、それに対応させたがゆえに、かつて日本の社会の中に存在した言葉の多様な意味が消えてしまった場合が実際に少なからずあるのです。日本語の持つ豊かさを理解するために、このことをわれわれは十分に考えておく必要があるのではないでしょうか。

さらに「支配」も、やはり中世においては現代とは全く異なる意味で用いられていました。例えば、中世文書の中では「用途を近国御家人に支配せらるる所」などの文脈で出てきます。これを、「近国の御家人を抑えつけて支配する」と理解したのでは、全く意味を把握できません。前にも述べましたが「用途」は費用のことで、この場合の「支配」は費用を近国の御家人に「割り当てる」「配分する」という意味で使われているのです。これは「支配」の「配」の意味が強調された使い方であるとも言えるでしょう。

また、中世文書の様式の一つとして「支配状」という名称をつけられた文書がありますす。現在の「支配」の語感からすると、領地などを支配するための文書などと考えてしまうでしょうが、実際には、例えばある荘園を複数の僧侶《そうりょ》たちが共同で管理している場合に、入ってきた年貢《ねんぐ》を、これらの人々の間にどのように配分したかを記した文書が「支配状」なのです。これはむしろ「配分状」と呼んだ方が現代人にはわかりやすい内容ですが、「支配」は本来、そのような使われ方をしてきた言葉でした。つまり、本来は支配・被支配のような上下関係あるいは統治関係とはあまり関わりのない言葉だったのです。いつ頃から変化して現在のような意味になっていったのか、実は私も不勉強で明確にはわかっていません。しかし近代に入ってドイツ語のヘルシャフトの翻訳として「支配」が用いられてからは、完全に現在の意味に定着していったものと思われます。

それにしても、現在の「支配」の意味の背景にも、「配分する、割り当てる」という意味があることは間違いないと思います。現代の意味で、人を支配することは、物や金などの配分を特定の人間が掌握し、それによって他者を束縛することと考えることができます。これは、言葉が歴史の歩みの中で意味を発展させつつ変わっていった好例とも言えるでしょう。

失われた日本語の豊かさ

このように、現在の言葉、特に学術用語には翻訳語が多く、われわれは欧米の言葉との関連でその意味を理解している言葉が少なくありません。明治時代に外国語が入ってきた時に、日本語の在来の言葉と欧米の言葉とをすり合わせて理解することは、たしかに非常に難しい作業だったと思います。例えば、柳父さんが書いていますが、ソサエティに対応する言葉は日本語の語彙《ごい》にはありませんでした。そして当初は「会社」などと訳され、それがやがて「社会」と言い換えられて定着していったといわれています。

商業用語に関連して前にも述べましたが、当時の学者たちは、西欧の哲学や経済学の理論を理解するためには在来の用語では不十分と考え、それまでの言葉を変えながら翻訳語を作りだしていったのです。そのために大変な苦労をしたことは間違いないと思いますが、こうして作られた翻訳語が、やがて日本語の中に深く定着していきました。

そして、それらの言葉によって、われわれが西欧の学問や思想を理解することが容易になったことは間違いありませんし、これらの翻訳語が普遍性を持ち、アジアの諸国に影響を及ぼしたことも事実だと思います。しかし、いま振り返ってみると、こうした翻訳語によって西欧の思想や学問の背後にある社会のあり方まで、われわれが本当に十分に理解できたのかどうかは、依然として大きな問題として残っているように思います。

また一方、翻訳語によって生活が成り立っているような状況が生まれたために、日本語の本来の豊かさを、われわれ自身が見失ってしまった一面のあることも否定できないと思います。今までいろいろな言葉についてお話ししてきましたが、日本語の豊かさを見直し、それを通じてより正確に日本の社会を理解するために、この拙《つたな》い話が多少でもお役に立つことができれば幸いだと思っています。

X　あとがき

本書に収めたⅠ～Ⅸの文章は、「歴史の中の言葉」というテーマで、一九九七年二月三日、二月十七日、四月七日、四月二十一日の四回にわたって、東京・市ヶ谷のアルカディアで開催された、新潮社主催の連続講座での話をもとにして、まとめたものです。

この講座を私がお引受けすることになったのは、ひとえに、当時編集部におられた木村達哉さんの熱心なお勧めによります。木村さんとは十年ほど前の一九八九年に『武王の門』という作品を刊行された北方謙三氏との対談を設定して下さって以来のお付合いですが、何回かお勧めいただいているうちに、余り自信のないまま、お引受けすることになってしまったのです。

しかしこの講座には百名ほどの方々が、非常に遠方からも毎回熱心に参加して下さいました。おのずと私も話に力が入ることになり、四回の講座を無事に終えることができました。

そしてそれから二年近くたったころ、木村さんが『波』の編集に携わっておられる水藤節子さんとともに来訪され、この講座での私の話のテープをおこして、『波』に連載してはという提案をされたのです。やはり尻込《しりご》みする私に対し、木村さんは試しにテープをもとに原稿を作ってみるといわれて、早速、一回目の原案を送ってこられました。講座のさいに私の話したことを、木村さんは私の他の論文・著書なども参照されて要領よくまとめられており、私はそれに赤のボールペンで勝手に細かく修正、加筆し、水藤さんにあてて送りました。水藤さんは早速これをゲラにしてこられ、『波』の連載はこうしてはじまってしまいました。

木村さんはその後も、丹念に原稿を作成し、規則正しく送ってこられるので、私も否応《いやおう》なしに赤字を入れる作業を続け、連載は順調に進行しました。木村さんは別の機会に私の書いたことなども大分原稿に書き加えて下さったので、実際に講座で私が話したことよりも詳しいものになったと思います。

このようにして一九九九年六月号から二〇〇〇年五月号までの『波』に十二回にわたって、「歴史のなかの言葉」という題で、順調に連載を続けたのですが、二〇〇〇年四月、私は全く自覚症状のない状態の中での定例健康診断で肺癌《はいがん》と診断され、同月二十四日、右肺中下葉切除の手術をうけることになってしまいました。こうしてもう少しで終ることになっていた連載は中断せざるをえなくなってしまったのです。

しかしともあれ、虎《と》《ら》の門《もん》病院の先生方のおかげで手術は無事、成功し、その後、五週間の放射線治療を経て、どうやら体力も次第に回復しはじめました。仕事も疲れないように少しずつはできるようになり、中途半端《はんぱ》のままこの連載を終らせるわけにはいかないと思っていましたところ、木村さんは、あと一回分という形にして最後の分をまとめて下さいました。それに手を入れ、九月号の『波』に最終回を掲載し、どうやら連載を終えることができたのです。病気になる前には、もう少し事例をあげてみたいなどと思っていたのですが、病後のため、直《す》ぐにそれを果すだけの気力、体力はなく、これで終了させていただくことにしました。そしてこれまた、木村さん、水藤さんのおすすめに従って、このような書物にまとめて刊行することになりました。それ故《ゆえ》、ごく僅《わず》かな修正を加えただけで、『波』に連載した文章をそのままの順序で収めました。

突発的な〝事故〟までありながら、どうやらここまでこられたのは、まず熱心に講座を聴講して下さった方々、また『波』に連載中、数々の激励をいただいた方々の支えによることはいうまでもありません。

そして御多忙の中を、毎回、講座のテープなどに基づいて、適切なテーマで適当な長さの原案を作成して下さった木村さんの御尽力がなければ、怠けものの私は到底、こうした文章を書き上げることはできなかったと思います。全く新しく原稿を書きおこすのに比べると、原案に赤字を入れて内容を補足し、文章を整えることの方がはるかに楽なことです。病後のときをふくめて、ともあれ最終回までまとめることのできたのは、全くひとえに木村さんの原案のおかげです。

また、下手くそでわかりにくい私の字で真赤になってしまった原稿を読み解き、直ちにゲラ刷にして返送して下さったのが水藤さんでした。入院中は別として、一年間、一回もとぎれることなく連載のつづけられたのは、すべてこのお二人の力によるものです。

さらに、この本の出版を急がないようにお願いした私に対し、水藤さんも木村さんも暖かく対処して下さり、最後まで私の勝手を許して下さいました。本当に、心から厚くお二人に御礼を申し上げます。

「ことば」については、もともと素人《しろうと》の私などよりも、たくさんの興味ある問題を御存知の方々も多いと思います。また日常生活の中で「ことば」に関わる面白い疑問をお持ちの方も少なくないと思いますが、この拙《つたな》い書物が「歴史」と「ことば」に対する関心を多少なりとも刺戟《しげき》し、世の中に拡がる小さなきっかけになれば、幸いと考えています。

解説　変えてゆくためのことば——二〇世紀体験としての網野善彦

與　那　覇　潤

ことばというものはなんのためにあるのだろう。

ことばはコミュニケーションのためにある、とふだん私たちは聞かされる。確かにことばがあるおかげで、私たちはあれこれのものに名前をつけ、そのものが眼前にない場所においてもそれを思い出し、いまだ目にしたことのない人とともに語り合うことができる。否《いな》、世界にものとしては存在せず、見たり触れたりすることのできない思想や観念についてすら、私たちはことばを通じてつくりあげ、それをもとに丁々発矢《ちょうちょうはっし》の議論をすることさえできる。そのような豊かさを与えてくれるがゆえに、しばしば言語の使用は、人間と動物をわかつ指標として言及されもする。

しかし、それは逆にいえば、私たちはことばを通してしか世界と触れあえないということだ。あるものの名前を知ってしまうと、私たちはその名前を抜きにしてそのもの自体を眺めることができなくなる。ある概念を与えられた結果、それがなければ決して生じなかった空理空論に、私たち自身が振り回されてしまいもする。だとすれば、言語の獲得が人類の福音だったとは必ずしもいえない。ことばは使う人の思考の範囲をせばめ閉じこめる牢獄《ろうごく》であり、人を二度と自然界に混じりえなくしてしまう不純物だ。かくして人間はいまや、なまじことばという知恵の実をかじったばかりに、そうでなければ悩まなくてもよい問いに悩み、傷つかなくてもよいことに傷ついてばかりの、みじめな動物となる。

ふたつの世界大戦という惨禍《さんか》を体験した二〇世紀ヨーロッパの哲学者たちが、こぞって言語という問いにとりくんだのは、そのような人間のみじめさに向きあってのことだったと思う（たとえばことばを牢獄になぞらえたのがフーコーであり、不純物として捉えたのがデリダだったと紹介しても、そう当を逸してはいないはずだ）。その潮流は「言語論的転回」と呼ばれて、世紀末の頃からこの国の諸学界にも大きな影響をもたらした。しかつめらしい顔つきで西洋の思想家のテキストを引用し、日本人がこれまで使ってきたことばの偏りや不自由さを糾弾する手つきが、知識人と呼ばれるための批評の作法であるかのように思われた時期もあった。

――でも、そう肩ひじはらずとも、歴史の探求って、そもそもそういうものではなかったでしょうか。一九九七年開講の市民講座の内容をもとに、二〇〇一年に新潮選書として刊行された本書を「歴史と言葉」という節ではじめた網野善彦の最晩年の語り口は、決して昂《たか》ぶることなくつややかだ。そして、そうであればこそ伝わってくる、心の芯《しん》に秘めた熱のようなものがある。

「網野史学」とも呼ばれる網野善彦の歴史叙述は、マジョリティでなくマイノリティ、端的には農耕定住民よりも漂泊民、遊行民、商工業者や「悪党」たちに光を当てる「もうひとつの日本史」であったと評価されることが多い。むろん誤りではないが、書籍となる前には「歴史のなかの言葉」というタイトルで雑誌に連載された本書は、それが同時に「もうひとつのことば」の探究でもあったこと、いまや私たちの語感からは遠く隔たってしまった史料上の日本語の復元を通じて、過去という他者の言語にであうためのいとなみだったことを教えてくれる。

たとえば、有名な「百姓は農民ではない」というテーゼを語る五章。ここで述べられているのは、単に前近代の日本人の生業比において海民や職能民がもっと多かったはずだ、という事実認識ではない。古代には「おおみたから」ないし「たみ」と訓がつけられ、あるいは「官人」との対で官職につかぬ民間人という語義であった「百姓」が、江戸時代の伊藤東涯や寺島良安の著作では「農夫」「農人」の呼称として言及され、これが明治初年の壬申《じんしん》戸籍の作成にあたって、百姓をすべて「農」として記載する語法に引き継がれたとする。なぜ私たちは百姓というと農民と思いこむのか。その感性の由来こそが、ことばの来歴に寄りそう形で明らかにされているのだ。

しからば百姓を農民だとする認識は、たかだか「近代に創られた伝統」にすぎない、というのが網野の主張かといえば、ことはそう単純でない。百姓をおおみたからと読んでいた段階から、「古代の律令国家が、すべての『百姓』に対して本気で水田を与えようとしていたことは確か」であり、その遺産は中世にも、実際に納める品目が異なっても年貢《ねんぐ》は水田に賦課《ふか》されるという形で受けつがれたとされる。すべからく百姓は稲作農耕民たるべしという「農本主義」のイデオロギー自体は、この列島が最初の国家をもったときから存在していたのであり、それは「律令国家ができた途端、全国が水田で埋め尽くされたように考えている人が少なくない」こんにちの日本人にまで、無意識におよんでいることが指摘される。

ここでほのめかされているのは、後世に語義の変化したことばをそれ以前にまで遡及《そきゅう》させることで、しらずしらずのうちに「律令国家の支配者たちの意図に引きずられた見方」をなぞってしまう、そんなホラーだ。ことばがたどってきた道すじに無自覚であるものほど、実は自分の意識がおよばぬところで、遠くはなれた過去の人々の意志によって操られているのかもしれない——そんな形で私たちの社会にはたらいている力の総体を、歴史と言い権力と呼ぶのだと、老練の日本史家は言外に伝えてくれる。人がことばを使うのではなく、ことばに人が使われることがありうるのだ。

人間は言語の主人ではなく、むしろ言語の方が人間を操り限界づけるという発想は、西洋の二〇世紀哲学史では（ナチズムへのコミットを通じて挫折《ざせつ》して以降の後期）ハイデガーの名によって語られることが多い。しかし、自分のことばによってみずからが傷つけられるという経験を、生涯せずにすませられる幸運な人はまれであろう。

そして、ハイデガーの祖国がそうであったように、時にはある社会の全体が集団的にことばによって振り回され、滅亡の瀬戸際《せとぎわ》までゆくということがありえる。日本という国もまた、同じ時期にそのような局面を迎えた。世紀末に『歴史の話』で網野と対話する鶴見俊輔《つるみしゅんすけ》が、敗戦直後に「言葉のお守り的使用法について」で述べたのも、戦時中のそのような状態についての考察であった。

それでは網野にとっての「ことば」の原体験とはなんだったのだろう。本書の刊行とほぼ同時期におこなわれた、小熊英二《おぐまえいじ》との対話のなかに、それをかいま見せる一節がある。

網野：私は、「コミュニズム」を「共産主義」と訳したのは、歴史上、最大の誤訳の一つではないかと思うのです。……「コミュニズム」、「コミューン」と表現された人間社会の結びつき方は、今後まだまだ大きな問題になり得るだろうと思います。これはソ連が崩壊したしないにかかわらず、その時からそう思っていましたね。

小熊：ここでちょっとお訊きしたいのですが、ソ連と東欧の崩壊については、網野さんはどう思われましたか。
網野：〝ああ、ようやく終わったな〟という感じでしょうか。むしろこれからが本当に大変だなと思いましたね。（『「日本」をめぐって　網野善彦対談集』）

戦後直後には熱心な活動家であり、朝鮮戦争下に国民的歴史学運動という共産主義の闘争に参与して脱落した経験が、網野の歴史研究にも大きな影を落としていることは、ことば少なながらに本人もよく語ったし（たとえば『歴史としての戦後史学』）、近年ではそれ自体が研究の対象とされつつある。「共産」ということばのどこが誤訳だと網野が判断したのか、これ以上は示されておらず特定しがたいが、おそらくは所有や交換ではなく「生産」の問題としてコミュニズムをとらえる発想こそが、まさしく「農本主義」の亡霊にひきずられたものだったと伝えたかったのではないだろうか。あるいはそんな視線のもとに、狭義の「生産」とは異なる生業に従事した職能民を扱う六・七章、こんにちも残る日本の商業・金融用語の起源を中世にたどる八章を読みといてみることもできると思う。

実際、対談のこの箇所はもっとも人口に膾炙《かいしゃ》した著作『無縁・公界・楽』をめぐるものだが、本書でも最終幕の山場において、大胆な史料解釈ゆえに多くの同業者に攻撃された同書を、網野は力づよく擁護している。

私は本気で「無縁」という言葉には、世の中のさまざまな世俗的な関係をすべて断ち切った「自由」という意味が含まれていると考えています。それは西欧の「自由」と近似したところのある言葉だったことは間違いないと、いまも思っています。（九章）

直後に「フリーダムの訳語として直ちに『無縁』を用いるわけにはいきませんし、ここまで定着した翻訳語としての『自由』を変更することなど不可能ですが」とそえてこそいるが、前近代までの「自由」が本来わがまま勝手、専恣《せんし》横暴の意であったことに触れる網野が、どちらのことばに魅《ひ》かれていたかはあきらかだろう。

想像してみてほしい。リベラリズムなりフリーマーケットなりを擁護する体制が、自由主義ではなく「無縁主義」と訳されていたかもしれない、私たちにとってのもうひとつの過去を。そうだとすれば、冷戦体制の構図が「自由主義・対・共産主義」などとして語られることもなかったことを。おそらくそこには実際に二〇世紀の日本で語られたものとはまったく別の現実認識が生まれ、したがってこの国の現代史の展開もまた、まるでちがった様相をていしたであろうことを。

三章では、本来は畿内の朝廷からの目線で呼ばれていた「関東」が、鎌倉幕府にとっての半ば自立した国号へと転じ、むしろ武家政権の側の視点で天皇の統治権が及ぶ領域をまなざす「関西」「西国」の呼称が生まれる過程を軸に、日本国内の地域概念の形成が描かれる。『東と西の語る日本の歴史』以来のモチーフだが、同書の末尾で網野は中世に「もしも朝鮮半島を通じて強大な政治勢力――モンゴルのような勢力が海をこえて西日本の一部を押さえていたならば」、もしくは太平洋戦争後に「日本列島が分割され、東日本と西日本が別個の国の占領下に入っていたら、果たしてどのような事態がおこっていたであろうか」とのべて、やはりありえたかもしれない、もうひとつの日本史を語っている。

そこには冷戦下に「民族統一」をめぐって隣の半島で闘われた熱い戦争と、列島でそれに連なる運動に没入して刻まれた深い傷がある。一読の瞬間、巨匠の心のひだに触れてぞわっとした感覚が走りぬけて、筆者なりの昭和精神史を書くときの挿話にとった(『帝国の残影』)。

その傷は、網野の東アジアを見る目にもなんらかの傾きをあたえたのかもしれぬ。近年の網野史学の批判的検討では、初めて一般の読者の手に届いた通史シリーズの一冊『蒙古《もうこ》襲来』の時点では存在した、中国大陸での変化と連動させて日本中世を捉える視点が、徐々に網野のなかで後退していったのではないかとする見解がある。

実際、二〇〇四年の網野の死以降に刊行された各種の研究では、「日本」という国号の起源が古代中国において東方の地を指した「日域」「日下」の語と強い関連をもつことが示唆《しさ》され（神野志隆光『「日本」とは何か』）、「天皇」についても本来は三皇のひとつを指す語として中国で古くから用いられていたことが指摘される（吉田孝『歴史のなかの天皇』）。むろん網野も本書の随所で、各種の漢語のルーツが中国にあることに触れるが、東アジア大での国境を越えた思想の流通を重視する近年の動向に比すと、いささかその視野はナショナルであるかもしれない。あたかも古代に一度、律令の継受という形で中国からことばが流入して以降は、一貫して列島の内部でのみそのことばが変遷《へんせん》し続けるかのような趣きは、たしかになくはない。はたして、それは妥当な見方だろうか。

たとえば網野が四章で、基本的には農本主義の人として言及する柳田國男は、実は戦時中から「娘の子までが……盆に御先祖がもし還つて聴くならば、びつくりするだらうと思ふほどに、関係だの例外だの全然だの反対だのといふことを平気で言つて居る」とのべて、むしろ明治以降にこそ、漢語が「常民」の日常語彙《ごい》に入ったという問題を指摘していた（『標準語と方言』）。フィリピン戦線からの帰還兵だった山本七平は、「死して以て悠久の大義に生きる」旨を説いて多くの兵士の命を奪った戦陣訓の根源を探して、ついには明朝の儒者・方孝孺《ほうこうじゅ》にまでたどりつく（『現人神の創作者たち』）。やはり学徒将校として敗戦を迎え、愚かな昭和と対比して明治を称揚《しょうよう》したとされる司馬遼太郎も、晩年には幕末の尊攘《そんじよう》思想を時代遅れの「宋学の亡霊」と呼んだ（『この国のかたち』）。大陸由来のことばは、むしろ近代にこそ列島の人々にとり憑《つ》いたかもしれないのだ。

山本は一九二一年生、司馬は二三年生、網野は二八年生。いずれも、一般に戦中派を代表する二五年生の三島由紀夫が壮絶に自決し、二四年生の吉本隆明がもっとも輝いた一九七〇年以降になってから、史論家として世に知られた「遅れてきた戦中派」ともいえよう（小説家としては、司馬の活躍はより早いが）。彼らがそれぞれに日本のなにと闘い、いかなる日本を構想したのかを問うことが、いまこの国の舵《かじ》取りにあたってもっとも求められる歴史の座標軸になるであろうということも、昨年『中国化する日本』という本の中に記した。この中国化なることばもいちおうは、「西洋化」に対して新たな「もうひとつの日本史」を描くために用いたものではあったが、史料上の用例でなくもっぱら筆者の造語にかかるものである点、その歴史性の薄さには恥じ入るばかりである。

本書の冒頭に、「日本人が歴史の教科書に日本についての悪口ばかりを書いているのはけしからん、ということをおっしゃる方」の話題が出てくる。いわゆる新しい歴史教科書をつくる会の関係者が網野の講演会にあらわれたものの、「『日本』ができたのは十九世紀のことであり、昔の『日本』は部族の名前であった、といっておられた」――七世紀末に唐朝を意識して律令国家の国号を定める際に「日本」は誕生し、それ以前には

「日本人」はいなかったとする網野の著名な議論よりも、よほど「自虐的《じぎゃく》」な歴史認識を披露して帰っていったという笑い話である。

運動の火付け役となった藤岡信勝が共産党からの転向者だったように、二〇世紀も最後の十年になって急速にこの国で普及した排外主義的ナショナリズムの濃い歴史叙述もまた、冷戦体制終焉《しゅうえん》の副産物であり、つくる会の教科書刊行をめぐっては、戦後長らく教科書検定を「検閲」として批判してきた進歩的歴史家たちの側が、もっとしっかり検定せよと行政につめよる混乱した風景も見られた。しかしソ連邦の崩壊を「ああ、ようやく終わったな」と平静に迎えた老マルキストには、それこそ自らの挫折から四〇年近くも遅れて、輸入された「左翼」のことば――決してみずからのものにできなかった進歩的な近代のことばの空転にとまどい、実のところ同じように空疎《くうそ》な「右翼」のことばへと急旋回してゆく人々の群れは、まさしく「二度目はみじめな笑劇として」（マルクス）みえていたに違いない。

先にひいた小熊との対談でも、「私は味方に厳しく敵に甘いと言われた」とのべるように、網野は「戦後歴史学」をはじめとしたアカデミズムの権威をもち出して、ナショナル・ヒストリー派の事実誤認をとがめるという（当時よくみられた）身ぶりをとっていない。逆に彼らは「むしろ根本的には戦後の左翼の歴史像ともオーバーラップしてくる」とした上で、たとえば西尾幹二の『国民の歴史』の方こそが、「私から言わせれば、日本列島に生きてきた人々の姿をなんと貧しく、つまらなく、狭いものに描いているものだと思います」とそえるのである。

おそらく網野にとっての歴史とは、政治的にあいいれない党派のそれに対してであれ、すでにできあがった「正史」として振りかざされるべきものではなかったのだと思う。かつて同じ列島に生きた人々が史料のうえに残した、しかしこんにちの私たちの感覚とはまるで異なってしまっている他者のことばと触れあい、そしてそのことを通じて私たち自身が無意識にとらわれてきたことばの限界を脱ぎ捨てることで、みえてくる世界を多様にし豊饒《ほうじょう》化してゆくことこそが、網野善彦の歴史学だったのではないか。

実際、同時期につくる会批判の論集に寄せて網野自身が指摘していたように（『リアル国家論』）、いま冷めた目で西尾の『国民の歴史』を眺めたときに際立つのは、当時もっぱらそれだけが論争の的となった近代史叙述における右派的なイデオロギー以上に、「中世史の欠落」だ。それは、西尾の自国史に対する感性そのものが――記紀万葉の神々の世界を江戸時代の平穏と直結するような――「農本主義」に拘束されていたことの証左であり、だからこそそこからの逸脱者が横溢《おういつ》する中世を輝かしいほどの魅力で描く網野に対して、西尾の側も奇妙な対抗意識を燃やしていたようにみえる。それを、数百年もの歴史の一区画をまるまる欠落させてしまう史論が「国民の歴史」の名に値しうるはずもない、むしろそちらの方が「自虐史観」だとやんわりいなす態度で退ける風格は、本書の淡々とした筆致にも貫かれている。

誇りある国史の復興を唱える「ナショナリスト」の方が描きえない時代を、運動から脱落すれどけっして転向することのなかった「人民」の歴史家（四章）が活写しえた理由は明らかである。それは国や日本を愛するといったときに、どこまで現在とは違ったかもしれない、この国や日本のあり方を想像しえるかの相違だ。本書では農本主義に対する「重商主義」（五章）としてさらりと触れられるに留まるが、名著『異形の王権』で描かれたように、もっとも激しくこの国の規範から逸脱した後醍醐《ごだいご》の勢力が仮に勝利をおさめていれば成立しただろう、いまとはまったく異なる形の「日本」が網野にはみえていたのだろう。ありえたかもしれない日本の探求――それが、歴史史料という形で遺された他者のことばに耳を澄ますいとなみと一体であったことを、本書は教えてくれる。

そうだとすれば、真の意味での「ナショナリズム」の担《にな》い手《て》たりうるのは、「日本」ということばでさえをも、他の可能性に開けるひとだけだということになろう。あたかもその軌跡が交わらなかった、もうひとりの「戦後」の偉大な歴史家・丸山眞男の「作為の論理」をも思わせる筆致でのべられた以下の言こそが、日々あらたな列島の姿を史料のことばから描き続けた、思想としての「網野史学」の到達点だったのだと思う。

一部の人の決めた国名である以上、人の意志で変えられる、つまりわれわれ日本人の意志で変えることもできるのです。……どこからか自然に生まれた名前、地名などではなく、特定の時に特定の人が決めたものだから、我々の意志で変えることもできる国名だということを、我々ははっきりと確認しておく必要があると思います。（一章）

二〇世紀の革命がおおむね不遇に終わったことをもって、エドムンド・バークの口吻《こうふん》に借りて「変化を拒否するものではないが、変えるのは守るためでなくてはならぬ」とする保守主義を唱える人々が、今世紀の日本では増えたようだ。しかし本書は、みずからの住まう社会の歴史、そこで書き継がれてきたことば、という「伝統」が存する意義は、実はその逆でこそありうるということを示してくれる。最後までもうひとつの「日本」を夢みて、みずからの世界像を彩りなおすためにことばを手繰《たぐ》りつづけた歴史家の航跡は、むしろ自信を持って、こう告げるべきだと私たちに訴えている。

「保守を拒否するものではないが、守るのは変えるためでなければならぬ」と。

（二〇一二年七月、愛知県立大学日本文化学部准教授）

この作品は二〇〇一年一月新潮社より刊行された。

歴史《れきし》を考《かんが》えるヒント

新潮文庫　あ－73－1

平成二十四年九月一日発行
平成二十六年五月三十日九刷

著者　網《あみ》野《の》善《よし》彦《ひこ》

発行者　佐藤隆信
発行所　株式会社新潮社
郵便番号　一六二―八七一一
東京都新宿区矢来町七一
電話　編集部(〇三)三二六六―五四四〇
読者係(〇三)三二六六―五一一一
http://www.shinchosha.co.jp

印刷・大日本印刷株式会社　製本・加藤製本株式会社

ISBN978-4-10-135661-7 C0121